幼儿园教师胜任力培训丛书

阅读活动这样做

林剑萍 ◎ 主编

华东师范大学出版社
·上海·

图书在版编目（CIP）数据

阅读活动这样做 / 林剑萍主编. —上海：华东师范大学出版社，2015.6
（幼儿园教师胜任力培训丛书）
ISBN 978-7-5675-3777-4

Ⅰ.①阅… Ⅱ.①林… Ⅲ.①阅读课-教学研究-学前教育 Ⅳ.①G613.2

中国版本图书馆CIP数据核字（2015）第137739号

阅读活动这样做

主　　编	林剑萍
责任编辑	蒋　将
特约审读	陈晓红
装帧设计	卢晓红

出版发行	华东师范大学出版社
社　　址	上海市中山北路3663号　邮编 200062
网　　址	www.ecnupress.com.cn
电　　话	021-60821666　行政传真 021-62572105
客服电话	021-62865537　门市（邮购）电话 021-62869887
地　　址	上海市中山北路3663号华东师范大学校内先锋路口
网　　店	http://hdsdcbs.tmall.com

印 刷 者	常熟高专印刷有限公司
开　　本	787毫米×1092毫米　1/16
印　　张	12.5
字　　数	257千字
版　　次	2016年2月第1版
印　　次	2023年8月第7次
书　　号	ISBN 978-7-5675-3777-4/G·8425
定　　价	45.00元

出版人　王　焰

（如发现本版图书有印订质量问题，请寄回本社客服中心调换或联系电话021-62865537）

FOREWORD 前言

阅读教学，让教师和孩子一起快乐成长

很感激至上李慰宜培训学校"爱上课"俱乐部，让十几名热衷阅读的幼儿园老师结缘。大家对早期阅读的热爱和对孩子阅读能力的关注，让俱乐部的活动精彩纷呈、快乐无比。教学绝不仅仅是一种简单的告诉，而是一种过程的经历、一种体验、一种感悟。所以，我们希望老师在教学之前自己先真实感受阅读的美好，并体验心灵的变化和由衷的感悟。用教师的情弦去拨动儿童的心弦，使儿童快乐阅读，促进他们语言、情感、思维、想象等各方面能力的发展，从而走进体验与感悟的阅读活动。

这本书是"爱上课"俱乐部早期阅读组老师们的智慧结晶，见证了老师们从懵懵懂懂走进阅读的问答篇，再到经实践打磨后体验阅读的教案篇，最后到反思后感悟阅读的反思篇。

老师们将早期阅读与自己的教育实践相结合，从不同的角度交流自己的教学想法和体会，一起探讨、互相启发，共同享受教学的乐趣。正是在这种教研互动的氛围中整个团队成员学会从更广阔的背景下去思考中国的幼儿教育，感悟了道德价值观的魅力，得到了智慧的启迪、素养的提高及境界的提升。

在促使老师们具备对阅读教学理论和实践的敏锐洞察力时，俱乐部创新打造她们敢于挑担子的勇气和与时俱进的新思

维,提升其创新意识和创新能力。具体而言,以"麻辣评课"和"群体反思"的方式激发老师个体的内心驱动力,努力实现"为行动而进行反思"、"在行动中的反思"和"行动后进行反思"三者的螺旋式上升。每次的设计、观摩、评议活动,都让老师们通过倾听、观察、思辨方法等来领悟和理解蕴含在他人行为中的技巧、经验和思维方式,让她们在反思总结中生成有益的经验。同时,要求老师整理和总结活动设计、发言提纲、研讨记录等,及时用适当的语言符号表达出来,转化为集体的显性知识,再将学习的外部显性知识与自己原有的隐性知识进行实质性的连接,内化为对自己更加有用的隐性知识。

总之,俱乐部的研讨活动在有效的反思中创设了一个知识共享的环境和场所,让隐性知识显性化并得到创新。只有这样,教师才能实现对幼儿学习的引导、支持和促进。教师和孩子共同充实,快乐成长。这也是我们"爱上课"俱乐部追求的目标。

本书活动课例均配有教学资源,请至我社网站(have.ecnupress.com.cn)下载。

目录 Contents

走进阅读：问答篇

01	如何解读绘本	童乐幼儿园	顾莉玲/3
02	如何创设良好的阅读环境	绿川幼儿园	薛 冰/6
03	如何用声音演绎绘本	浦南幼儿园	刘佳玺/9
04	如何用最少的提问交流最丰富的感受	浦南幼儿园	祝晓隽/12
05	如何在"趣"中实现早期"悦读"的选材	海贝幼儿园	孙丽芬/14
06	如何在"趣"中实现早期"悦读"的设计与执教	海贝幼儿园	孙丽芬/16
07	如何在绘本教学活动中进行智慧回应	嘉定区实验幼儿园	黄 婷/18
08	如何抓住集体阅读活动中师幼互动的关键点	浦南幼儿园	祝晓隽/21

体验阅读：教案篇

小班

活动1-1	小玻上幼儿园	明日之星幼儿园	詹卓妍/27
活动1-2	老鼠妈妈的礼物	翔殷幼稚园	杜丽萍/31
活动1-3	排好队，一个接一个	绿川幼儿园	薛 冰/34
活动1-4	是谁嗯嗯在我的头上	嘉定实验幼儿园	黄 婷/39
活动1-5	小鸡叽叽	虹桥中心幼儿园	金 晔/43
活动1-6	摘果子	童乐幼儿园	顾莉玲/48
活动1-7	小玻去公园	童乐幼儿园	顾莉玲/53
活动1-8	最好吃的蛋糕	浦南幼儿园	梅 芳/58

中班

活动2-1	子儿吐吐	海贝幼儿园	孙丽芬/62
活动2-2	会动的房子	明日之星幼儿园	詹卓妍/66
活动2-3	打瞌睡的房子	童乐幼儿园	顾莉玲/71
活动2-4	被澡盆卡住的熊	虹桥中心幼儿园	金 晔/76
活动2-5	和甘伯伯去兜风	陈伯吹实验幼儿园	任晓琼/81
活动2-6	秋秋找妈妈	翔殷幼稚园	杜丽萍/85

大班

活动3-1	第五个	奥林幼儿园	吴 轶/90
活动3-2	好朋友	虹桥中心幼儿园	金 晔/95
活动3-3	花娘谷	浦南幼儿园	华 洁/100
活动3-4	收集东,收集西	奥林幼儿园	吴 轶/104
活动3-5	奥菲利亚的影子剧院	浦南幼儿园	刘佳玺/108
活动3-6	狼大叔的红焖鸡	陈伯吹实验幼儿园	杨 鹭/113
活动3-7	逛了一圈	嘉定区实验幼儿园	朱濛钰/117
活动3-8	我的幸运一天	尚东之星幼儿园	李 洁/121
活动3-9	小阿力的大学校	浦南幼儿园	梅 芳/127
活动3-10	谁是蛀虫的朋友	海贝幼儿园	孙丽芬/133
活动3-11	七只瞎老鼠	常熟幼儿园	王佳圆/138
活动3-12	肚子里有个火车站	华林幼儿园	郑秀丽/143

目录 Contents

感悟阅读：反思篇

- 09 巧借故事情境丰富小班幼儿情感体验 ……………… 常熟幼儿园 王佳圆/149
- 10 创造参与机会，激发中班幼儿独立阅读的兴趣 ……… 嘉定区实验幼儿园 黄 婷/152
- 11 破解绘本《被澡盆卡住的熊》中"易卡住"的问题 …… 虹桥中心幼儿园 金 晔/156
- 12 让幼儿在夹叙夹议中享受阅读的快乐 …………… 虹桥中心幼儿园 金 晔/160
- 13 从绘本细节中读，到故事情景中想 ……………… 浦南幼儿园 梅 芳/165
- 14 巧妙设计串联教学中有效互动 ……………………… 翔殷幼稚园 杜丽萍/169
- 15 将绘本真正为教学所用 ……………………………… 华林幼儿园 郏秀丽/172
- 16 源于生活而高于生活的阅读 ………………………… 尚东之星幼儿园 姚晶晶/176
- 17 寻找适合的，变为最好的 …………………………… 绿川幼儿园 薛 冰/179
- 18 以阅读为载体的情感激发 …………………………… 嘉定区实验幼儿园 朱濛钰/181
- 19 把握探索兴趣，延伸阅读契机 ……………………… 童乐幼儿园 顾莉玲/184
- 20 适度强化培养幼儿阅读习惯 ………………………… 浦南幼儿园 梅 芳/188

走进阅读

问答篇

01

如何解读绘本

童乐幼儿园　顾莉玲

解读,是教师对阅读材料进行选择、分析、思考的过程。教师在解读绘本时,要仔细品味作品的趣味和情感,挖掘作品中丰富的价值内涵,为设计活动寻找思路。

教师在解读绘本时,要以"假如我是孩子"进行定位:假如我是孩子,看到画面后,会迫不及待地想看下去吗?会怎么理解画面上的内容呢?最后的结果是不是符合孩子的期望呢?就算与孩子想的不同,是不是能令孩子接受呢?这样定位,教师在解读画面的时候,心中便会有另一双眼睛——孩子的眼睛,真正地学会用童心解读绘本。

通过细致的解读,能够捕捉到作品中的亮点,设计活动时能有意识地突出重点、亮点,以此帮助幼儿更全面地感受作品,体验阅读带来的乐趣。当然,每个人理解作品的角度不同,解读的角度也各有差异,容易造成焦点的缺失。此时,需要借助教研伙伴的智慧,把价值点一一罗列出来,大胆"削枝强干",聚焦最具有价值的内容。更可以根据实际情况(本班特点、时机环境等),适当地筛选原作,使作品的画面更鲜明、更生动,更能激发孩子的阅读兴趣。

一、分辨作品体裁

解读绘本的第一步,是分辨作品的体裁。随着信息量的增大,映入教师眼帘的早期阅读的新材料层出不穷。在这些材料中,有的体裁很新颖,能够拓宽我们的视野。常见的体裁有故事、散文、诗歌、独白(无情节点)等。故事式的体裁是最多见的,由于其独特的情节性,容易被幼儿所接受。因而,我们在选择阅读材料时,大多以故事式体裁为主,我们认为有明显起伏的情节更能吸引孩子。虽然很多优秀的文学作品,也有精致优美的画面,但由于没有明显的情节,令我们望而却步。事实上,不同体裁的作品,有着自身无法抗拒的魅力,它所带来的阅读乐趣,是其他体裁不能替代的。

如绘本《要是你给老鼠吃饼干》,* 描绘得更像是一组无厘头的漫画,没有明显的情节,从头到尾都是一只没完没了、麻烦至极的老鼠在向男孩提出各种要求,男孩不停地

---

* [美]劳拉·乔菲·努梅罗夫著:《要是你给老鼠吃饼干》,孙晴峰译,少年儿童出版社,2005。

满足，可最后老鼠又回到第一个要求，真令人哭笑不得。最初，我们对这样的体裁很犹豫，如果设计成一次集体阅读活动，孩子会不会很难接受？教师会不会很难把握？但困难并不意味着忽略，经过几次推敲，我们仍然决定尝试这一新体裁，并最终把活动目标落在了"感受作品风格"上。对这类作品不必强调情节，也不必刻意突出人物，而是营造一种轻松、温馨的氛围，边看边讨论，最终比较完整、生动地凸显了这部作品的风格特点。

就好像在分析一篇文章前，我们必须要通读一遍，辨认出它的体裁，再开始着手分析。早期阅读不是讲述一个又一个跌宕起伏的故事，而是将孩子引入文学殿堂的美好过程。重要的是，教师学会了根据体裁的差异来设计活动，尽可能避免同种体裁、同类内容的教材的重复，让阅读多元化，师幼彼此都会受益。

二、体会材料内涵

我相信：每一个作者在撰写一个作品时，一定融入了他的思想和情感，这就是作品的内涵。因此，阅读的过程，也是升华情感、引起共鸣的过程。那么，每一份教材，能升华哪种情感、引起哪种共鸣呢？有益于孩子发展的，才是有价值的，这是教师必须思考的。思考的维度亦决定了我们对教材内涵的把握。毫不夸张地说，一种解读，就是一个设计雏形。

有时候，成人认为生涩难懂的哲理，在孩子眼中往往会变得简单。因此，我比较赞成"层层推进，点到即止"的方式。不必为了刻意表现而苦恼，我们可以试着用深入浅出的方式，通过对作品的细致解读，找到适合孩子的入口，甚至可以让孩子成为一个共读者，点到即止，留下一点空间给孩子去回味。

比如活动《打瞌睡的房子》*，是一次融合了图书阅读、媒体阅读的活动，表现了一幢房子里由静转动的趣味，而活动现场先静后动，所有人仿佛都沉浸在故事场景里，回味无穷。这样的设计，也是源于对作品的反复解读。《打瞌睡的房子》*也是个没有明显情节的作品，大家始终在同一个场景中，从睡着到醒来，仿佛没有人能打扰到自己。喜爱这个绘本的老师们纷纷罗列出自己的解读观点：有的认为绘本表现的是不同人物的睡姿动态；有的认为这是一个叠加式的语言体裁；有的认为它在向孩子描绘一个睡着后的世界；有的则欣赏绘本的和谐用色……但是，提到设计的角度，我们又无法确定哪个更合适，似乎每个都不太完整，我们觉得好难。最后，我们决定削枝强干，回归作品本身，以孩子的发展作为出发点来挖掘价值。

我们把整个绘本假想成一个独幕话剧，以作品画面的背景为基础，开始留意人物的细小动作，突显出人物之间的亲密无间，更发现了色调的微妙过渡，暗示着气氛从安静

---

* ［美］奥黛莉·伍德文，唐·伍德图：《打瞌睡的房子》，柯倩华译，明天出版社，2009。

到欢快的转变,而一切的变化都由一个不起眼的小家伙——小跳蚤引起。带着这样的解读思考,教师如同找到了突破口,设计时也有了主心骨:一静一动,充分体验,尽情表现,适时出现小跳蚤引出转折。

　　教学效果证明孩子对这个绘本产生了前所未有的热情,一遍遍翻阅着画面,每个小细节都令他们津津乐道,最有趣的还是——跳蚤!此时,我们不禁心中一乐:摸着了门道,找对了思路!

　　可见,作品的内涵解读决定了教学设计的适宜性,一切都在于教师如何理解作品,是否能从幼儿发展的角度来解读,进而与选择何种表现方式有关。好的作品,经过教师的推敲和编排,就会呈现出无限魅力及深远的教育价值。

02

如何创设良好的阅读环境

绿川幼儿园　薛冰

在学前幼儿的任何活动中,环境都堪称是孩子的第二位老师。孩子们通过与环境的互动,往往会获得许多家长、老师以及同伴都无法给予的指引与帮助,这通常也是幼儿的一种学习能力。在早期阅读活动中,适宜的环境同样重要。那么,如何为幼儿创设一个适宜、舒适的阅读环境呢?经过实践,可以从以下几个方面进行思考:

一、适宜的位置

一个理想的阅读区,应该允许孩子们能够舒适地坐着欣赏图书,不会被来来往往的其他孩子推挤,更不会被邻座正在热闹地玩飞行棋的孩子的欢声笑语所影响。此外,光线是否充足也是老师们需要考虑的重要因素之一。

(一)安静的地理位置

相对于其他区域而言,阅读区对于"安静"的要求尤为突出。因此,我们可以思考,班级中哪些区域是相对安静的?比如:数活动区域,一般都是一两个孩子在其中安静地游戏、学习、摆弄操作材料,发出大声响的可能性很低;又如美工区,一般也是孩子们安静地绘画、玩色、制作橡皮泥作品等。所以,如果将阅读区的"邻居"设置成这样相对安静的区域,阅读区的"安静"需要就比较容易被满足。

温馨小建议:

1. 安静的"邻居":数活动区、美工活动区、语言活动区(听录音故事、排图讲述等)、棋类区(围棋、国际象棋,供两个人游戏且要动脑筋的棋类)等。

2. 与角色游戏结合时:小、中班可以与娃娃家的"书房"相结合;大班可以与"图书馆"、"编辑部"、"小课堂"等角色游戏相结合。

(二)柔和又充足的光线

孩子看书写字时,如果光线暗淡,常能得到成人的劝导,而在较强的光线下的阅读活动则往往会被成人忽视。实际上,强光对眼睛也是有害的。因为太阳光含有紫外线和红外线,如果经常在强光下看书,眼睛受紫外线刺激过多,眼球前面的结膜和角膜就会受到损伤,出现眼睛刺痛、流泪、怕光、眯眼困难等现象。红外线的穿透力比紫外线更强,眼睛受红外线刺激过多,眼球内部的视网膜就会受伤。所以,阅读时候的光线是老师们考虑阅读区选址的重要标准。那么,什么样的光线更适合孩子们阅读呢?

首先,自然柔和的光是最好的。我们可以在教室靠窗的位置找到明亮却又不是阳光直射的位置,孩子们可以在那样一个场所畅游书的海洋。

其次,如果教室的采光不足,我们不妨尝试给孩子们准备一盏台灯,20-40瓦的灯泡所发出的光亮比较适合孩子阅读。

温馨小建议:

1. 找到靠窗的、阳光直射的范围,在它的边上划出一块,即可作为阅读区域。
2. 准备一盏台灯,配上40瓦的灯泡,在教室采光不足的时候使用。

二、舒适的布置

阅读是需要有个场所的,像在沙发上阅读,给人的感觉绝对是温馨、舒适且全然放松的。作为老师,为孩子们布置阅读区时,温馨、舒适是必不可少的。

那么,温馨、舒适的环境需要哪些道具呢?沙发、软椅、靠垫、地毯、软垫、大沙包等都是非常好的选择!一个安静的角落,放上一两个书架,铺上软垫,放上沙发,扔几个长毛绒玩具,一个温馨、舒适的阅读角就诞生啦!

温馨小建议:

1. 阅读区里需要这样柔软的区域,同样也需要有培养幼儿正确阅读姿势的角落。
2. 有些孩子对长毛绒玩具过敏,可以用其他诸如靠垫、抱枕之类的物品替代。

三、适当的书籍

一本好书胜过一位好老师,而一本好书往往是由一位好老师呈现到孩子面前的。所以,作为幼儿教师,我们要用心为孩子们挑选适宜的好书并且考虑合适的呈现方式,让孩子们可以"看到"这些好书。那么,在阅读区中陈列多少书、如何陈列、陈列什么书,就是我们需要思考和探讨一番的。

(一)适当"量"的图书

英国学校图书馆协会主席、法吉恩儿童阅读贡献奖得主艾登·钱伯斯曾说:"陈列完美的图书不仅是最佳的装饰,更可以激发读者的阅读兴趣,并深深影响他们的阅读心境。"因此,图书的陈列方式和阅读环境能否有效地发挥作用,与图书的量有着相当密切的关系。

书零零星星地散置在书架上是很难看的,但若放上太多书,同样会让人眼花缭乱。因此,在实践中,我发现,既能让孩子们看清每一本图书的封面,又能方便孩子们拿取的图书的量是比较合适的。

温馨小建议：

1. 在倾斜式书架上，把一本本图书平铺开来摆放，方便孩子们寻找和取放。

2. 在小中班的水平书架上，可以把图书封面朝外竖起来摆放；在大班的水平书架上，除了上述摆放方式外，也可以把书竖起来陈列。

（二）适当"内容"的图书

什么是"好书"呢？我觉得，适合的就是最好的。说到"适合"，就离不开对绘本本身以及幼儿年龄特点的分析。但个人认为，在阅读区中，有时无须把年龄段细分到大、中、小班，或许只要是适合幼儿阅读的绘本就可以被陈列、被阅读。

温馨小建议：

1. 无论画面是细腻、唯美还是粗犷、写意，只要是能够引起孩子阅读兴趣的，都是合适的。

2. 与当前主题结合的图书、最近听过的故事图书、可以为幼儿提供搜索资料的图书等，都可以被陈列。同时，不妨将上述图书分类陈列并设计相应的装饰。

当然，阅读的乐趣绝不仅仅取决于其场所，与书的类型、阅读时的心情、阅读的时间等因素都有很大的关系，更别提阅读态度与阅读动机。只是，我们首先能为孩子们做的，便是创设适宜的阅读环境了。

03

如何用声音演绎绘本
——一场关于"绘本朗读"的探索之旅

浦南幼儿园　刘佳玺

　　犹记得小班刚开学时，孩子们的情绪很不稳定，可当我拿起绘本读故事的时候，教室里突然就安静了下来。三十双眼睛齐刷刷地看着我手里的书，这样的安静一直持续到故事朗读结束。后来，为了能让三十个孩子都清楚地看到画面内容，我每次在读书前都会把绘本扫描下来制作成PPT。再后来，孩子们渐渐长大，他们自主阅读的需求也在增强。我索性就把故事录制成了CD，放在阅读角里，供孩子们随时听赏，而这场关于"绘本朗读"的探索之旅就是这样在冥冥之中开始的。

　　关于绘本朗读，许多理论研究都阐述过它的重要价值。康长运教授说，它是帮助孩子们进入图画故事世界的桥梁。松居直先生说，图画书本来就是给大人读，给孩子听的书。然而在实际操作中，我却发现"绘本朗读"并不是一件简单的事。

　　绘本的组成结构很特殊，它是文字与画面的有机整合，文字理解偏向逻辑思维，画面理解偏向感性。因此，一本成功的绘本必须要实现理性与感性的互补，而针对绘本的朗读也应遵循这一特质，除了读出文字内容以外，绘本朗读还需考虑到绘本的精神价值。然而，如何将"精神价值"有声化呢？最初，我想到了"音乐"。

　　音乐能有效激活大脑右半球的神经活动。右脑主要负责形象思维，指向人类情绪、感悟、想象的产生。因此，适合的音乐环境有益于催发幼儿的情感共鸣。我挑选了两本"个性"差异较为显著的绘本作为第一次尝试。第一本是《獾的礼物》[*]，我选择了舒缓的音乐，特意用低沉缓慢的语气来朗读；第二本是《我的名字克里桑丝美美菊花》[**]，我选择了欢快的音乐，用比较活泼天真的语气来诠释。结果显示：相较其他同类型的"有声绘本"，这两本绘本的完整听赏次数与重复阅读次数更高，可这种方法只对文字信息与画面信息比例较为均衡的绘本有效。在绘本文学中，尤其是针对中小班幼儿的绘本，它们绝大多数都表现出文字少而画面丰富的特质。例如《十四只老鼠》[***]系列，它的文字精练简单，叙述的空白部分都由画面来承担。这类绘本只读文字是不够的，单纯的

---

[*]　［英］苏珊·华莱著，《獾的礼物》，杨玲玲、彭懿译，少年儿童出版社，2006。
[**]　［美］凯文·汉克斯著，《我的名字克里桑丝美美菊花》，周靓译，明天出版社，2006。
[***]　［日］岩村和朗著，《十四只老鼠》，彭懿译，接力出版社，2010。

音乐铺设也无法诠释画面中的细节内容。可画面信息又该如何被清楚地"朗读"出来呢？这一次，"音效"给了我答案。

进入学前期的幼儿已经积累了较为丰富的声音经验，对大自然、生活中的各种声音具备了基本的听辨能力，这为运用音效来"有声化"画面信息提供了可行条件。例如在绘本《十四只老鼠吃早餐》*中"起床"这一页，"奔跑的脚步声"可以体现画面中小老鼠们起床时的忙乱场景；"掉落声"再加一句画外音"哎哟"可以体现老大掉下床的画面细节；"布料声"可以体现老二为了叫醒老幺一下子掀开被子的动作。运用这个方法，一本只有20句话的绘本作品在音效的润色下被拉长至17分钟。实践运用也证明，幼儿不仅能够安安静静地跟着声音完成这17分钟的自主阅读，并且还表现出强烈的重复阅读和分享叙述的欲望。多数幼儿都表现出根据声音信息寻找画面信息的阅读行为，部分幼儿还会跟随故事情节出现表情变化。可见，听觉与视觉的多重感官刺激能够激发幼儿的阅读情感，音效化是增加绘本戏剧效果、实现"绘本精神"形象化的有效手段。

当然，仅仅依靠技术上的支持是不够的。绘本的朗读者是成人，倾听者是儿童，两者之间的心理差异导致了他们所能接受的阅读方式迥然不同。如果不去研究幼儿是如何读绘本的，再多的音效堆砌也只会让这场"朗读"沦为噱头。

幼儿的阅读思维缓慢，需要时间思考，所以，我在完成每页的朗读后都会在翻页前空出一段留白时间。小班每页停留7秒左右，虽然小班绘本简洁明了，但幼儿阅读的盲目性较大、阅读经验不够，他们需要充足的时间来消化阅读信息，并处理听到的文字与书面语言的对应关系。中班在停留时间上与小班差异不大，但中班绘本的画面信息较为复杂，令幼儿处理的信息量增加，幼儿需要自行到画面中寻找细节线索来填补文字空白，足够的等待时间才能让孩子有机会进行深度思考。不过，大班情况会有所转变，伴随着阅读经验的丰富以及阅读技能的成熟，大班幼儿更渴望处理整本书的信息，而非"一页书"的信息。他们会通过前后页阅读、重复的完整阅读等更综合的方式来完成自己感兴趣的信息处理，这令他们对"等待时间"的需求逐步减弱，甚至达到同步。

音乐环境的设计同样需要尊重年龄差异。给小班幼儿朗读绘本，语速必须缓慢、清晰，且语调极富情感，由于这一年龄段的幼儿注意力不稳、专注时间不长，因此不建议铺设背景音乐，音效的运用也应该简单、少、直观、贴近幼儿的生活经验。此举旨在通过熟悉的感官刺激，激发幼儿的阅读热情。例如朗读图画书《蹦！》**，在"青蛙，蹦！"后添加青蛙的叫声；在"猫咪，蹦！"后添加猫咪的叫声；"鱼，蹦！"的音效则可以用鱼跃水时的水花声来体现。中大班绘本的故事性较强，需要音乐烘托氛围，音效的戏剧效果可以带有感情色彩，数量上也可以酌情增加。只不过，任何事物过犹不及，"饮水思源"才是最佳的效果。选择哪种音乐、哪种语调、哪些画面细节的"有声化"可以最大化地激发幼儿仔细阅读、反复阅读的热情，这就需要朗读者自己先去品味阅读，经历思考。

---

* ［日］岩村和朗著，《十四只老鼠吃早餐》，彭懿译，接力出版社，2010。
** ［日］松冈达英著，《蹦！》，蒲蒲兰译，21世纪出版社，2008。

这场关于"绘本朗读"的探索旅程至今已走到第四个年头,每一本书的朗读制作至少需要花费一周的时间,也有朋友向我建议:这样读绘本是不是麻烦了点?对此,我也有过疑惑,但实践结果却让我有了更坚定的想法:如果只是听故事,确实太麻烦了,但如果是为孩子提供一边自己阅读一边听的故事,那是值得麻烦的。一本优秀的绘本本身就是作者精心设计的结果,简单的文字朗读又怎么能让孩子体会到它的精神价值?

　　幸运的是,网络资源与软件设计的飞速发展令声音制作不再那么困难重重。目前为止,我的音效都是在网上搜罗并通过Cooledit软件处理完成的。虽然制作速度缓慢,但可以跟随主题。每次针对一个主题制作两到三本的有声绘本朗读,积少成多,聚沙成塔。毕竟,已经有越来越多的人开始参与到"绘本朗读"的大队伍中来。他们有的是老师,有的是作者,有的是家长,有的只是单纯地喜欢绘本。可见,在这场旅行里,我不是唯一的一个,也不会是最后的一个。

04

如何用最少的提问交流最丰富的感受

浦南幼儿园　祝晓隽

日本"绘本之父"松居直曾说过，让幼儿厌烦看书的主要原因就是成人在其阅读后立刻抛出的不恰当提问。大量来自成人的同一认识水平的提问如同地毯式轰炸，无情地夺走了孩子们原本热切的阅读兴趣，使得阅读分享成了内心的负累。长此以往，孩子们开始害怕阅读。针对这一问题，我们在设计教学活动方案时，为了引导教师关注提问设计的质量，尝试有意控制预设提问的数量。

这个要求一经提出，老师们就陷入了矛盾之中，因为习惯的思维方式受到了巨大的冲击。立刻有老师指出，这个要求肯定做不到。为什么老师们会拒绝接受这个要求呢？其原因在于：老师们认为阅读强调的是每个孩子的内心感受，但是集体教学活动必须通过充分的分享交流才能完成经验的梳理和提升。处于学前阶段的孩子其思维的逻辑性和表述的条理性往往都不够强，所以教师不得不通过更多的预设提问来引导孩子寻着线索慢慢走向共识。另外，随着幼儿年龄增长，他们阅读的绘本往往篇幅较长，内容情节较复杂，需要交流的话题比较多，预设的提问也会相应增多。

针对这一问题，我们不禁思考，帮助孩子寻找线索只能通过提问来实现吗？经过交流讨论，我们发现引导幼儿寻找阅读线索，不是只有提问这一种方式。

方法一：在大班阅读活动中，可以尝试运用图符、线索图等来帮助孩子理清线索，引导孩子发现事物间的联系。

方法二：在阅读活动中，要特别关注提问后的"等待时间"，让孩子能在接受一个提问后有充足的时间去理解问题，并有充足的时间到书里去寻找答案。

方法三：有的问题可能会引发孩子们许多不同的想法，而这些想法往往会引发同伴间的很多质疑，难以在短时间内达成共识。不妨为孩子们提供一段结伴讨论的时间，让他们在小组交流中先达成一定的认识，然后再来交流分享。这样可以让孩子们不会出现思考上的"南辕北辙"。

方法四：有的绘本篇幅较长，情节复杂，应该选用分段阅读的方式，减少孩子阅读理解上的困难，使孩子在理清了一部分线索后，再继续之后的阅读交流。

方法五：教师在回应不同幼儿时，所运用的策略，如赞扬、追问等，也能非常有效地引发孩子间的共鸣，使得他们在短时间内理解该绘本。

换种思路，众多方法应运而生。要使阅读成为孩子的最爱，我们必须学会用最少的提问来引导幼儿交流最丰富的内心感受。只有这样，我们才能真正实现集体阅读活动的价值。

05

如何在"趣"中实现早期"悦读"的选材

海贝幼儿园　孙丽芬

绘本,是一种以简练、生动有趣的语言和精致优美、引人入胜的画面组合而成的儿童文学作品。如今,绘本阅读作为一种教学形式正走进课堂。在绘本阅读的切身体验中,也引发了我们对绘本阅读教学的一系列思考,激发了我们对绘本阅读教学的研究和学习热情。

"趣"无论在幼儿学习的任何阶段都是需要首要考虑的一个原则。怎么样让幼儿在绘本中读出"趣"来?有趣的选材是让幼儿爱上早期阅读的第一步。

一、幽默夸张的"趣点"和熟悉的题材多能打动幼儿

美国教育心理学家杰洛姆·布鲁纳这样阐述阅读指导,"一开始,教师得先为儿童读故事,慢慢地,用比较戏剧化的方式,来呈现整个作品。"戏剧化的方式即幽默夸张的方式,这样的方式更能够激发孩子的好奇心和阅读兴趣。在绘本阅读教学中,教师如果能够充分地利用绘本本身所含有的幽默有趣的元素,用生动、夸张的手法来呈现故事,则幽默的更易懂、生动的更直观,在绘本的基础上用动作、神态、多媒体等辅助语言来"演"故事。从有趣的绘本情节出发,激发幼儿打开绘本一探究竟,幼儿的动机也从单纯对了解绘本的好奇心升华成为对阅读绘本的热情,使"阅读绘本"过渡到"悦读绘本"。

例如绘本《小猪变形记》[*],可以毫不夸张地说,这是一本哲学书。只是借了绘本的形式,所以变得特别轻松幽默!选择这个绘本的老师一定是被绘本中可爱且极具人的特点的动物的各种夸张表现所吸引。比如,小猪给自己画斑马纹时,不但刷子是斑马纹的,连颜料本身也是斑马纹的!更为夸张的是,它一路走还一路用尾巴吊着刷子。这种幽默滑稽的小细节随处可见,使整个故事读来荒诞又充满童趣!在这样的绘本阅读中,老师本身要是能采用夸张幽默的语言来演绎小猪的所作所为,那孩子们便会开怀大笑、兴趣高涨,并在轻松愉快的氛围中感悟主题。

又如绘本《你看起来好像很好吃》[**],封面上有一头大大的霸王龙。恐龙是很多

---

[*]　[英]本·科特著:《小猪变形记》,金波译,外语教学与研究出版社,2006。
[**]　[日]宫西达也著:《你看起来好像很好吃》,杨文译,北京少年儿童出版社,2008。

孩子的最爱，书还没开始读呢，"关于恐龙的故事"自然已经吸引了大多数幼儿的眼球。有了"趣"的素材、"趣"的话题，孩子自然跟着来。特别是有的孩子刚开始可能不喜欢阅读，但他总有自己喜欢的事物或活动，教师可以因势利导地把孩子对其他事物或活动的兴趣转移到阅读中来。

二、注意文化差异，"趣点"应贴近中国孩子的经验范围

在大量的绘本中，很多都是国外作家的绘本，其中不乏幽默夸张的元素，但需要注意的是，很多元素并不符合中国孩子的经验范围，教师在选择这类绘本时要有所筛选。幼儿最感兴趣的是与自己的真实生活或想象世界密切相关的人、事、物。如果故事中讲的就是幼儿生活中可能发生的事，或是他们经常喜欢想象的情形，幼儿就容易理解、产生共鸣，也更愿意去阅读。反之如果绘本中的语言过于平淡，情节没有起伏，结尾毫无意外，这样的故事也很难引起幼儿兴趣。只有能够反映幼儿情趣、爱憎、充满想象力的"趣点"才最能打动幼儿。所以，我们还是要选择贴近我国幼儿生活，且易于大多数幼儿理解的阅读材料，只有适宜的"趣点"才能使幼儿把阅读活动和愉悦的情绪体验联系在一起。

比如，德国漫画大师埃-奥-卜劳恩的《父与子》*系列漫画。其中，幽默诙谐的画面，虽寥寥几笔，却给读者带来了许多快乐和思考的空间。但是，教师在选择的时候却要注意其中的"趣点"是不是孩子所能够接受的。例如《父与子》*中，父子骑马、溜冰、量身高等画面简单易懂，"趣点"符合孩子的经验，孩子在读完几幅连贯的画面以后真的会捧腹大笑。但是，有些内容却并不符合中国孩子的生活经验，那就很难引起共鸣了。

只有在选材时选择有趣的教材、合适的趣点才能在阅读过程中真正体验有趣、夸张、幽默，从而使幼儿体验到阅读的快乐，并爱上阅读，使阅读成为他们的一种需要，一种习惯，使之终身受益。

---

* ［德］埃·奥·卜劳恩著，《父与子》，洪佩奇编，译林出版社，2006。

06

如何在"趣"中实现早期"悦读"的设计与执教

海贝幼儿园 孙丽芬

有了既有趣又合适的绘本后,如何使绘本中的"趣点"让幼儿也能感同身受,这就需要教师的执教艺术了。

一、"趣"提问

一个智慧的教师善于把绘本中的内容与幼儿心理上的求知欲、好奇心、探究欲联系起来,善于运用问题来营造一定的悬念,激发幼儿思考和读下去的愿望。

例如,《一颗超级顽固的大牙》*中的小女孩塔碧莎为了让自己嘴里松动的牙齿掉下来,可以说是用尽了各种各样的方法。最后牙齿掉了吗?又是怎么掉的呢?这类有趣的提问吊足了孩子们的胃口,让他们有迫不及待地阅读书中的有关章节的愿望,并为塔碧莎在故事中能想出这么多有趣、富有创意的办法而拍手叫好!让孩子觉得"原来换牙的过程这么好玩"。

我们可以试想如果没有提问直接让幼儿阅读,幼儿在绘本中仅仅了解了一件事情,但是有了教师的执教,情况马上就不一样了。先引出故事的开始,却不介绍故事的发展,通过教师抛出的问题让孩子心里的疑问变大,然后再去阅读,幼儿的阅读过程就会变得更有目的,效果也会更好!

二、"趣"体验

对孩子来说,阅读并非成人意义上的看、理解的思维过程,它更像一种游戏、一次体验。因此,在让幼儿手拿书本翻阅时,从幼儿的特点出发,把过程游戏化,在过程中体验。阅读的过程既是一个游戏过程,也是一次体验过程。孩子是寻宝者,而书中的角色和剧情就是宝藏。

如"嘟嘟熊"系列故事中《你好》**:"嘟嘟熊与很多小伙伴打招呼,咦?后来的小动

---

* [英]夏洛特·米德尔顿著《一颗超级顽固的大牙》,彭懿译,南海出版公司,2007。
** 葛冰文,吴带生图,《嘟嘟熊系列丛书》,中国少年儿童出版社,2008。

物怎么只露出了一部分的身体呢?"幼儿根据这一部分的身体特征来辨别嘟嘟熊到底遇到了谁?和谁打招呼了?在这个过程中,幼儿关注图书,积极思考,自己翻书,寻求答案。小班常见的翻翻书和布布书都是如此。

此外,在阅读活动过程中,为幼儿创造多种活动情境或条件(提供表演的头饰、道具、绘画的纸笔等),让幼儿自由选择活动材料表演故事片段或者画出自己的想法。例如:《猪先生去野餐》*中猪先生想方设法地装扮自己到最后弄巧成拙的情节,教师哪怕再利用多媒体技术播放课件也不及幼儿亲自扮演来得直击笑点。又如绘本《米歇尔,一只倒霉的羊》**,米歇尔的种种状况看似倒霉却每次化险为夷的故事,让大班的孩子哄堂大笑,主动猜测接下来可能会发生的事情,还主动用绘画的形式设想可能的情节,分享时也无不充满了愉悦。孩子的兴趣被激发了,体验到了阅读的趣味。

三、"趣"感悟

只有自己感悟得来的东西才是记忆最深刻的。绘本简单明了的文字、诙谐有趣的图画、明亮艳丽的色彩对于儿童心灵本身就是一种震撼。这种震撼连同各种精致的画面所流露出的情感、所表达的寓意,只有通过幼儿的眼睛、幼儿的思考、幼儿的创造才能真正内化为幼儿内心感受到的美。因此,教师的阅读并不能完全代替幼儿自身的感受、感悟。

如绘本《狐狸爸爸鸭儿子》***,狐狸从一开始纠结于吃鸭肉还是吃鸭蛋到努力保护蛋不受伤最后照顾鸭儿子的故事中,孩子从笑——感动——笑,这是笑中有泪、破涕为笑的过程,诙谐有趣却敲击心灵。从孩子的经验出发,把握绘本本身的节奏。执教过程中,教师与孩子一起笑、一起哭、一起悟。

教师指导孩子阅读的过程,其实更像是在分享一颗快乐种子的过程。准备趣的土壤、情的雨露、爱的阳光,当种子种进心灵时候我们收获的注定是满满的爱。许许多多的爱铸成了孩子的精神空间与心灵家园。

爱阅读的孩子是幸福的,爱阅读的孩子是快乐的!

来吧!现在翻开绘本,让我们和孩子们共同享受绘本的精彩,让我们手牵手,"趣"阅读,"悦读"去!

---

* [美]庆子·凯萨兹著:《猪先生去野餐》,范晓星译,贵州人民出版社,2007。
** [法]西尔万·维克多著:《米歇尔:一只倒霉的羊》,荣文文化译,未来出版社,2010。
*** 孙晴峰,庞雅文著:《狐狸爸爸鸭儿子》,外语教学与研究出版社,2008。

07

如何在绘本教学活动中进行智慧回应
——以大班为例

嘉定区实验幼儿园　黄婷

经过两年的阅读培养,大班幼儿的阅读兴趣及阅读能力都有了进一步的发展,在活动中表现得更独立自主,观察、思考和表达也更有个性。教师在绘本教学活动中该如何把握大班幼儿的阅读特点,更有效地凸显以阅读为前提的回应机制呢?总结实践探索中的经验,教师应在大班幼儿绘本教学活动中做到智慧回应,其策略可归纳为以下几种:

一、潜移默化概括式

大班幼儿对画面的观察更为仔细,语言的表达渐趋于流畅,但是他们却缺乏将零散的信息进行概括表达的意识。此时,教师应在活动中示范如何使用精确、简洁的语言进行概括回应,在潜移默化中丰富幼儿的词汇,提升其概括能力。

例如:在《收集东,收集西》*的活动中,孩子们将乌鸦收集的东西逐一进行讲述,此时教师有意识地使用了"奇怪"一词进行概括和示范,幼儿一下子就能明白原来只要用一个词语就能把话说清楚。举一反三,在说到妈妈喜欢收集些什么时,幼儿就会回答:"妈妈收集的都是我们小时候用过的东西。"

二、欲擒故纵启发式

大班幼儿求知欲强,思维更趋独立,在活动中会提出自己的问题和想法。教师虽然是"传道授业解惑者",但是"授之以鱼不如授之以渔"的方法更利于幼儿的终身发展。在幼儿已有阅读能力的基础上,教师只要正确把握大班幼儿的阅读特点,并不直接揭晓答案,而是鼓励幼儿抽丝剥茧,以启发的方式和幼儿共鸣,让幼儿在自己寻找答案的过程中享受阅读带来的惊喜。

例如:在《第五个》**的活动中,幼儿对故事开始部分小甲虫推开门产生质疑,于

---
* 何云姿著:《收集东,收集西》,南京师范大学出版社,2013。
** [奥地利]恩斯特·杨德尔文,[德]诺尔曼·荣格图:《第五个》,南海出版社,2010。

是教师回应:"到底是谁打开这扇门,里面又是什么地方?"通过欲擒故纵启发式的回应既引发了幼儿的好奇心,调动幼儿参与活动的积极性,同时又促使幼儿带着问题有目的地往下看。看到故事最后出现和蔼可亲的医生爷爷时,答案就浮出水面了。

三、思维碰撞调动式

大班幼儿阅读的个性更趋于明显,在表达想法的同时也会与同伴的思维发生碰撞,出现意见分歧。此时,教师就是润滑剂,若话题是围绕目标开展,则应充分调动幼儿的积极思维,更好地理解故事内容,让幼儿的思维在碰撞中激发出璀璨的火花。

例如:在《小房子》*的活动中,说到小房子的陈旧与周围城市化发展的矛盾时,教师提出是否要将小房子拆掉?孩子们纷纷跃跃欲试,想要表达自己的意见。基于大班幼儿竞争意识强的特点及教学目标的制定,教师马上调整教学策略,开展了一场小型辩论会。这个话题激起幼儿讨论的千层浪花,"同意拆掉"和"同意保留"的具体理由如下表。

同 意 拆 掉	同 意 保 留
拆了就可以造高楼大厦,就可以有更多的人住到城市里来了。	要造高楼可以到其他地方去造呀,小房子拆了,那些没有地方住的人就没地方去了,多可怜呀!
小房子在城里都没地方,被挤得很难受,它都不舒服,还是拆掉好。	要是拆掉了,以前住在这里的人回来的时候找不到小房子要着急、伤心的。
如果不拆的话,城市里的车子越来越多,会堵车的,那些上班的人要迟到扣钱的。	小房子的主人说不能拆,要让他的子子孙孙都住在这里,其实有很多人还是喜欢小房子的。
小房子很孤独的,都没有人来看他,所以还是拆掉。	

四、精准表达提升式

幼儿期是语言发展的最佳期。孩子进入大班后语言发展显得尤为重要,良好的阅读及语言表达能力能够帮助幼儿更好地过渡到小学阶段的学习,受益终身。大班幼儿虽然认知和思维能力有了一定的发展,但时常也会用词不当,或者得出错误的结论,教师应该以科学、规范的语言针对幼儿的应答进行回应提升,引导幼儿进一步观察、思考、整理和提升自己的经验。

例如:在《棒棒天使》**的活动中,幼儿用高低不同来形容棒棒和胖胖的高矮不同。于是,教师及时说明在形容人个子的时候要说高和矮。又如:在《你看起来好像很好

---
* [美]维吉尼亚·李·伯顿著:《小房子》,阿甲译,南海出版社,2007。
** 杨月秀著:《棒棒天使》,南京师范大学出版社,2004。

吃》*的活动中，幼儿知道霸王龙很凶猛，喜欢吃肉，教师适时使用了一个科学名词"食肉动物"以提升幼儿对霸王龙的认知经验。

五、聚焦话题回拉式

在活动中，通常我们会碰到有的幼儿一个问题还没说完，就急于表达与当前问题无关的话题的情况。此时，教师往往显得手足无措，不知如何回应，有时甚至打断幼儿，将其拉回到当前的话题。在这种情况下，建议教师尊重幼儿，幼儿进行的话题虽不是当前讨论的，却是与教学活动有关的，不妨满足幼儿当前的需要，之后再把上一个没有解决的问题加以完善。在这样的回应中，教师既给了幼儿表达的机会，帮助幼儿梳理经验，同时又婉转地提醒幼儿听清楚当前我们讨论的话题，逐步培养大班幼儿良好的倾听习惯，学习聚焦话题讨论，为入小学做准备。

例如：在《收集东，收集西》**自主阅读后的交流环节，说到妈妈喜欢的东西时，有个孩子直接提到了弟弟喜欢收集的东西，此时教师还是让孩子将自己想要表达的内容说清楚并进行小结，因为活动中也有说弟弟喜欢收集的环节，之后通过"可爱的弟弟最喜欢的妈妈喜欢收集什么呢？为什么妈妈要收集这些东西呢？"将话题又拉回到原点。

教育部颁布的《幼儿园教育指导纲要（试行）》指出，"关注幼儿在活动中的表现和反应，敏感地察觉他们的需要，及时以适当的方式应答，形成合作探究式的师生互动。"潜移默化概括式、欲擒故纵启发式、思维碰撞调动式、精准表达提升式、聚焦话题回拉式等五种回应策略恰恰是大班绘本教学实践中对这一要求的有益探索。只有深入地关注和了解幼儿的发展特点和发展水平及认知需要，教师才能有的放矢、恰到好处地做好回应，让活动更精彩。

---

* ［日］宫西达也著：《你看起来好像很好吃》，杨文译，北京少年儿童出版社，2008。
** 何云恣著：《收集东，收集西》，南京师范大学出版社，2013。

08

如何抓住集体阅读活动中师幼互动的关键点

浦南幼儿园　祝晓隽

在集体阅读活动中,师幼互动是教师们极为关注的话题,因为每个孩子对于同一个文学作品都会有不同的感悟。如何在相对集中的讨论中,实现幼儿个性化的发展,一直以来都是老师们不断思考的问题之一。今天,就让我们来说说集体阅读活动中师幼互动的关键点吧!

一、智慧地运用材料,解决幼儿可能遇到的阅读困难

在集体阅读活动开展之前,教师常常会预见到一些孩子们必定会碰到的阅读困难。面对这样的问题,我们可以考虑利用自制材料来给予幼儿隐性的支持与帮助,从而减少集体活动中无效或低效的师幼互动。例如:小班集体阅读活动中,我们也会尝试运用小图书,让每个孩子翻阅小图书其实对于小班孩子而言是个很大的挑战。由于每个孩子的阅读经验不同,所以他们翻书的方法和翻书的节奏都有着较为明显的差异。而在集体活动中,如果教师用了大量时间解决孩子们翻书出现的问题,就会直接影响到幼儿活动的有效性,更会严重破坏文学作品本身的完整性和生动性。为此,我们通过尝试,发现可以在提供给小班孩子阅读的小图书上"下点功夫"。

活动前,我们在每本小图书的右侧页码处贴上了拇指盖大小的小手印,且每一页上所用的小手印颜色也有所区别,重点理解图片选用了三原色,以便幼儿之后分享交流时便于表述和寻找;活动中,当幼儿准备翻阅图书前,老师就会有意识地引导幼儿观察发现小手印标志,然后用一句简单的介绍帮助幼儿了解翻书的方法——"捏住书宝宝的小手轻轻地翻";之后,我们就会发现,所有的孩子都能在情景中,带着情感认真仔细地翻书,大大减少了集体阅读活动中不必要的纠结。

二、强调画面的观察,鼓励幼儿自己寻找并发现答案

阅读活动的原则是"手不离书,眼不离图"。所以在集体阅读活动中,教师必须意识到,任何问题出现时,首先应该引导幼儿回归绘本的画面,让幼儿通过阅读画面,自己

寻找并发现问题的答案,这样也能真正发挥师幼互动的高效能。

例如:在集体阅读活动《每一步,可比可》的开展过程中,教师讲述到小熊迷路的情节时,很多孩子纷纷提出了帮助小熊的办法。有的说"可以打电话给妈妈",有的说"可以找警察叔叔帮忙",还有的说"可以看看地图找到家"。尽管这些方法在日常生活中都是不错的主意,可是在绘本故事中,这些方法却是难以实现的。面对这样的情况,教师不急不躁,没有着急否定孩子的答案,而是引导幼儿看看画面,想想在偌大的空旷森林中,这些方法哪个才能行得通,带着问题孩子们又一次耐心地阅读起绘本中的相关画面。通过观察,他们自己找到答案,明白了方法的可行性问题。此时,教师成功地推进了幼儿阅读能力的提高,这样的师幼互动才是直接影响到幼儿阅读能力发展的有效互动。

三、重视提问后的"等待时间",支持幼儿的深入思考

阅读,作为一种挑战幼儿综合能力的活动,需要幼儿有良好的学习习惯和语言思维能力。由于年龄小的孩子无法借助绘本中的文字来理解故事,所以阅读理解的难度在一定程度上较成人来得更大。因此,在集体阅读活动中,教师应该特别重视提问后的"等待时间",真正支持幼儿的深入思考。

所谓"等待时间"是指教师提出问题后直至邀请第一个孩子回答问题中间的这段时间,我们往往会忽略对这段时间的把握,常常是一提出问题就立刻请孩子回答。长期以往,孩子不仅无法养成仔细思考问题的习惯,而且一些相对谨慎的孩子就会逐渐放弃表达的机会,成为集体活动中的"听众"。这对于孩子们的发展而言,是非常不利的。因此,在集体阅读活动中,教师应该特别关注一下重点、难点问题后的等待时间,合理地运用多种手段,自然地给予孩子充分的思考时间。

例如:在绘本阅读《七只瞎老鼠》的活动实施中有两个难点问题,老师采用了不同的方式,提供了孩子合适的等待时间。第一次在了解了大量信息后,让孩子们猜测究竟七只瞎老鼠遇到的是什么动物时,老师用了生动的描述,带着孩子们按序回忆了所有信息,并鼓励孩子们模拟瞎老鼠"边摸边听",之后再提出问题,孩子们很快猜出了答案。第二次在进行互相竞猜的游戏时,老师又鼓励幼儿分组进行了充分的讨论,之后再进行游戏,孩子们通过自由讨论更好地确定了各自需要表述的信息,并有了足够时间的表述练习,待到游戏时就显得胸有成竹了。

可见,重视"等待时间"会为师幼互动建立良好的心理基础和必要准备,使得幼儿不会手足无措,而教师也能应对自如了。

四、巧妙地运用追问,推进幼儿的理解与表达

在集体阅读活动中,提问与回答往往是主要的互动形式之一,而师幼对话的过程

中,教师的预设与幼儿的生成常常存在一定的差异。面对这样的情况,执教教师通常会用追问的方式来引发幼儿生成后的进一步讨论,以实现集体参与、共同讨论的目的。那么,如何合理运用追问,来推进幼儿阅读能力及各方面能力的发展呢?通常情况下,针对小班幼儿我们并不建议频繁地运用追问,因为孩子年龄小,面对教师的追问,有时会显得慌乱紧张,反而影响他们的阅读表达兴趣;针对中班幼儿,我们可以在一些从观察到猜测的问题上采用追问的方式,层层推进,严格遵循由浅入深的原则,让孩子步步深入思考。运用追问时,教师应尽量将面向一个幼儿的问题推向全体幼儿,借助集体的力量共同解决阅读过程中的难点问题。进入大班后,我们则可以大胆尝试针对一个幼儿的回答提出追问,挑战幼儿思维的广度和深度,也鼓励幼儿将内心的想法完整地表达出来。这样就能更好地引发大班孩子的学习积极性,使得他们能大胆地想、大胆地说了。

例如:在大班阅读活动《花娘谷》进行时,孩子们看到扉页上花娘谷的房子,立刻自言自语地交流起来,"这是古时候的故事吗?里面的房子都是很老的老房子啊?"听到了孩子们的议论,教师没有急于重复孩子的讲述,也没有草草结束对扉页的阅读,而是机智地追问道:"奇怪,你们是怎么看出来这个故事是古时候的故事呢,画面上的房子究竟和现在的房子有什么不一样呢?"问题一经提出,孩子们立刻活跃起来,他们将画面中的细节一一讲述了出来,而这些细节成功地引导孩子进入了故事所描述的时代背景,不仅培养了孩子的观察能力,也有效地建立起了阅读的氛围。这样的互动一举多得,是值得我们借鉴学习的。

当然,教师要提高自己的互动能力,除了牢记以上四个关键点,还应加强日常的自我锻炼。多多观察记录每个幼儿的行为,用心聆听他们的声音,勤于记录平常时刻中与孩子相处的故事,这些都能很好地帮助我们掌握丰富的互动策略,最终成为一个能真正了解孩子并支持孩子发展的合格教师。

体验阅读

教案篇

小玻上幼儿园

明日之星幼儿园　詹卓妍

设计思路

"小玻上幼儿园"活动表现的是幼儿园的一日生活,故事中的小玻由妈妈陪着来到幼儿园,见着老师打招呼,和朋友们一起玩游戏、学本领、吃午饭、睡午觉,还在操场上玩,这些画面很好地表现了幼儿的现实生活。对于刚入园的幼儿来说,能让他们感受幼儿园生活的快乐,获得愉悦的情感,稳定情绪并学会礼貌用语。

活动采用大图书阅读的方式。对于刚入园的幼儿来说,大图书阅读能够直观地让幼儿感受到阅读的概念。比如图书是一页一页有顺序地翻;图书上的画面可以用话说出来;可以告诉我们一个故事等。所以,其中有几幅画面是老师一页一页连续翻给孩子看,然后再一页一页地说说画面的内容。过程中还穿插了唱歌、跷跷板等肢体的体验,让幼儿在动静交替中感受阅读的快乐。

活动设计

活动目标

1. 观察小玻上幼儿园的有趣故事画面,感受上幼儿园的快乐。
2. 愿意学说故事中的简单对话。

活动准备

大图书《小玻上幼儿园》*、小狗玩具、音乐《我爱我的幼儿园》

---

*　[英]艾玻玻克·希尔著:《小玻系列翻翻书:小玻去上学》,彭懿译,接力出版社,2012。

教案篇

活动过程

一、活动导入,激发幼儿阅读兴趣

1.(出示小狗玩具)

——今天我给大家带来一个新朋友,看看是谁啊?他的名字叫小玻。(引导幼儿和小玻打招呼)

2.(出示第一幅画)

——小玻长大了和我们一样也要上幼儿园了,今天是小玻第一天上幼儿园,小玻可高兴啦,瞧他是怎么上幼儿园的?

小结

小玻要上幼儿园了,瞧,小玻带上心爱的小书包和妈妈一起高高兴兴地向幼儿园走去。

二、阅读理解,体验小玻的快乐经历

过渡语:不一会,幼儿园到了。

1.(出示第二幅画)

——看,是谁在教室门口迎接小玻啊?(和老师、朋友打招呼)

——熊老师打开了门,还有好多朋友呢,看看他们是谁?(引导伙伴们相互问好)

过渡:幼儿园真开心,有这么多的朋友啊!幼儿园还会有什么开心的事情呢?我们一起来看看。

2.(连续看第三、四、五、六幅画)

——你看到幼儿园里有什么快乐的事?(幼儿随意说说)

3.一起看书、搭积木(出示第三幅画)

——幼儿园真快乐,小玻和朋友们在干什么?

——你在幼儿园会和好朋友做什么?

小结

在幼儿园和好朋友在一起真快乐。

4.一起学本领(出示第四幅图)

——叮叮咚咚,美妙的琴声传来了。看,朋友们和熊老师一起快乐地唱歌呢。咦,谁不见啦?

——原来小玻不会唱歌躲起来了。不会唱歌有关系吗?

——我们请小玻一起唱吧。(师幼一起唱《我爱我的幼儿园》)

小 结

在幼儿园里和朋友一起学本领真快乐。

5. 欢乐聚餐会（出示第五幅画）

——咕噜噜，咕噜噜，是什么声音啊？肚子饿了，该吃午饭啦。熊老师为小动物们准备了好吃的东西，看，是什么啊？我们一起帮熊老师来分食物吧。

（学说：××，请你吃……）

6. 快乐做游戏（出示第六幅画）

——吃饱了，有点困了，我们休息一下做个美美的梦。哦，睡醒了。

——看朋友们在玩什么啊？跷跷板怎么玩的啊？我们一起来试试。

（蹲下去，翘上来，一上一下，真好玩。）

7. 放学了（出示第七幅画）

——时间真快啊，放学了，妈妈来接小玻了。

——熊老师对小玻说："小玻，再见。"

——小玻有礼貌地说："熊老师，再见。"（引导幼儿和熊老师说再见）

小 结

小玻第一天上幼儿园认识了很多新朋友，和朋友一起玩积木、学本领、吃美味的食物、一起做游戏，真快乐。

三、完整欣赏

教学解析

初入园的小班幼儿，还未具有阅读能力，比如不会翻书、不会观察、不会表述等。"小玻上幼儿园"作为幼儿入园后的第一次阅读活动，我们在活动设计中充分考虑幼儿的已有经验和实际能力。

1. 动态和静态相结合

阅读是一个静态的过程，但是对于小班幼儿来说，有意注意时间很短，因此在阅读过程中要融入些动态的元素。比如，见到熊老师，可以带着幼儿和熊老师打招呼"熊老师好！"；回家的时候和熊老师说"再见"；在操场上，小朋友一起滑滑梯、跷跷板，可以选择其中的一个一起玩一玩，

教案篇

"蹲下去,翘上来,一上一下,真好玩",一起体验跷跷板的快乐。这些动态的体验可以让幼儿进入故事情景中,适时地提高幼儿积极性,使其感受到阅读活动的愉悦感。

2. 音乐与画面相结合

阅读中加入了音乐元素而且运用得很巧妙。先用很生动的歌曲,让幼儿知道要和老师一起学本领了,很自然。但是放了一半音乐就停止了,这里就有一个情绪的转折,然后用很疑惑的语气问谁不见了,自然而然地带着孩子进入故事情境。在起床这个环节也运用了很动听的音乐,恰到好处。巧妙地运用音乐,让幼儿不仅阅读了丰富有趣的画面,更通过音乐让幼儿更好地融入到故事中。

3. 单幅和多幅相结合

小班幼儿是以单幅画面的观察为主的,但是在这个活动中加入了连续多幅画面的阅读。连续画面的阅读是为了让孩子感知要一页页地看画面,并不需要幼儿说出来,所以连续阅读时老师不需要用语言,可以用手指点一下需要关注的细节,让孩子有意识地进行观察。在经过连续阅读让幼儿感知后,幼儿能够回忆出多少就多少,幼儿说到哪一幅就把这幅画找出来即可,让幼儿感知到画面内容是可以用语言来表述的,也就是感知语言和画面的对应。之后再进入单幅的阅读,这时候就要细细阅读了。

附故事

小玻上幼儿园

小玻要上幼儿园了。今天,小玻背上心爱的小书包,和妈妈高高兴兴地向幼儿园走去!

不一会儿,幼儿园到了。瞧!熊老师已经等在门口迎接小玻了,笑眯眯地对小玻说:"小玻,早上好!"小玻轻轻放下书包,有礼貌地对熊老师说:"熊老师,早上好!"哇,幼儿园里朋友真多啊!原来小伙伴早就来啦!

幼儿园里真开心,小玻和好朋友们一起看书、搭积木,玩得可高兴啦!

听,叮叮咚咚,好听的琴声传来了,原来熊老师带着大家一起唱歌呢。咦?少了谁?原来,小玻躲在桌子底下呢,他小声地说:"我不会唱歌。"大家安慰他:"没关系,我们一起学吧!"小玻在朋友们的鼓励下高高兴兴地学唱歌呢!

吃午餐的时间到了,哇!好吃的东西真多,有小鱼、肉骨头、松果,还有好吃的胡萝卜!大家都吃得饱饱的。吃过午餐,该休息了,小伙伴们一起睡了一个美美的午觉。

起床后,熊老师带着大家到外面玩,滑滑梯、跷跷板真好玩,大家玩得乐呵呵!

很快,就到了放学的时间,妈妈来接小玻了。小玻有礼貌地对熊老师说:"熊老师,再见!"熊老师笑眯眯地说:"小玻,再见!明天早点来哦!"小玻笑着说:"好啰!"说完高高兴兴地回家了。

活动 1-2

老鼠妈妈的礼物

翔殷幼稚园　杜丽萍

设计思路

本教案中运用到的绘本书名为《老鼠阿姨的礼物》*，它是一本生动有趣，非常适合小班年龄阶段阅读的绘本。整个故事以"送的礼物是什么？"为故事线索，深深吸引着幼儿，在谜底揭晓前不断激发着小班幼儿的好奇心。故事中以幼儿喜闻乐见的动物朋友为主角，贴近幼儿的经验：兔子的长耳朵、小猪的大鼻子、青蛙的阔嘴巴以及松鼠的灵巧小手，暗示着它们能用各自的本领来解决问题。所以，我们充分挖掘了绘本中所蕴含的教育价值，并把活动目标定位在"理解小动物用各种感官猜测礼物的情节，体验故事的趣味性。"通过运用多媒体，以故事作为教学情境，将送礼物的故事引出来，现场充满新奇感和期待感，幼儿始终期盼着活动继续进行，并能随着故事情节进一步明确五官和手的功用。

活动设计

活动目标

1. 理解小动物用各种感官猜测礼物的情节，体验故事的趣味性。
2. 乐意表达自己的想法。

活动准备

课件PPT、礼物盒、糖果

---

* 应彩云主编：《情景阅读——新课程背景下的绘本教学》，少年儿童出版社，2009。

教案篇

活动过程

一、激趣导入

1. 提问：听，这是什么声音啊？

小结

嗯，是呀，这是新年的歌声。它告诉我们新的一年马上就要到来啦！

2. 提问：瞧瞧，谁也来啦？

小结

鼠妈妈是来给大家送礼物的。

二、观察画面、理解故事

1. 老鼠妈妈今天要送礼物了，几个礼物盒子呀？会把礼物送给谁呢？
2. 观察局部特征，引导幼儿大胆猜测（兔子、小猪、青蛙、松鼠）。
3. 讲述故事：老鼠妈妈拿了四份礼物，它要送给小动物们。小兔、小猪、小青蛙、小松鼠高高兴兴地跑过去说："老鼠妈妈，我要你的礼物。"老鼠妈妈说："好的，一人一个真正好。"礼物是什么呢？老鼠妈妈说："今天我要把礼物送给聪明的小动物，你们不能用眼睛看哦。"
4. 观察图片，看看小动物用了什么办法。模仿小动物的方法来猜猜礼物盒中放了什么礼物。
5. 继续讲述故事：小动物们对老鼠妈妈说："老鼠妈妈，谢谢你！"老鼠妈妈笑着说："不用谢。"

三、体验感受

1. 老鼠妈妈也为我们准备了礼物，你有什么好办法来猜呢？（个别幼儿）
2. 游戏《拆礼物》

鼓励幼儿通过听一听、闻一闻、摸一摸、尝一尝的办法猜猜盒子里到底藏的是什么。

教学解析

绘本原名是《老鼠阿姨的礼物》，活动中将"阿姨"改名为"妈妈"，是因为"妈妈"二字更能让孩子感觉到生活化，更亲切，更贴近幼儿。另外，教师以"老鼠妈妈送礼物"直入活动主题，因为收礼物是孩子最为高兴的事情,孩子的期待、惊喜、享受都在这个过程中展现出来。

活动中,教师充分利用多媒体展开教学,将绘本拍摄下来,并做成动画效果,充分调动幼儿的多感官参与。运用课件辅助教学,对活跃教学氛围、帮助突破教学难点、提高教学灵活性是很有帮助的。

故事里的四个动物"兔子、小猪、青蛙和松鼠",它们分别用了不同的方法猜测礼盒里的礼物。教师在设计活动的时候,针对小班幼儿的年龄特点,运用了不同的方法让四个小动物出现,有听声音猜一猜的"呼噜呼噜的猪声、呱呱呱的青蛙叫声",有看局部猜一猜的"小兔的长耳朵、松鼠的大尾巴"。增加了活动的趣味性,有效地引导幼儿通过观察、倾听及回顾已有经验,辨认动物,在观察的过程中,幼儿的观察能力有了提高,对五官、手的外部特征有了更加深刻的印象。

此外,故事中,"兔子的长耳朵、小猪的大鼻子、青蛙的大嘴巴以及松鼠的小手",都在暗示它们在用各自的本领解决问题。幼儿听着简单的故事,理解身体各部位的作用,以五种感知觉为基础进行猜测,能有效地促进幼儿的逻辑思维及创造力的发展。

最后环节,老师为每个幼儿准备了礼物,为每个幼儿提供操作探索的机会,将故事情节迁移到幼儿的亲身体验上。幼儿在真实的情境操作中,对自己的五官和手产生积极正面的认知,猜测正确也能增强幼儿的成就感。

附故事

老鼠阿姨的礼物

"孩子们,快点过来吧!"

小动物们一个个,都拿到了礼物。

老鼠阿姨送的礼物。

是什么,是什么?

"猜猜会是什么礼物呢?"

小兔子支着耳朵听声音……

小猪哼哧哼哧用鼻子闻闻气味……

小松鼠小心地用手摸了摸……

小青蛙放到嘴里尝了尝……

老鼠阿姨送的礼物,是什么,什么呢?

是,糖果哦!

"老鼠阿姨,谢谢您!"

排好队，一个接一个

绿川幼儿园　薛冰

设计思路

孩子还在家里的时候，好吃的"是我的"，玩具"是我的"，几乎没有要和别人轮流的意识。小班孩子初入幼儿园，面对的就是集体生活的规则：轮流、排队、一起玩等，而不遵守规则的结果往往是孩子不能接受的糟糕事。因此，我选择了图书《排好队，一个接一个》*，希望通过阅读这样的图书，将一个良好的生活习惯引入孩子们的生活中。

《排好队，一个接一个》是日本绘本大师佐佐木洋子的作品，书中的人物形象清晰、可爱，展现的生活场景也是孩子们所熟悉、熟知的。以玩各种孩子们喜爱的玩具为线索，向孩子们展现了"排好队，一个接一个"的生活习惯与规则，以及它所带来的美好结果——玩得很开心，引着孩子们一步一步走向良好的生活习惯。

活动设计

活动目标

1. 愿意和同伴一起看看嘟嘟熊排队游戏的故事画面，感知一页一页翻看图书的方法。
2. 知道人多时，一个一个排排队。

活动准备

绘本《排好队，一个接一个》（大开本）

---

* ［日］佐佐木洋子著：《排好队，一个接一个》,蒲蒲兰泽,连环画出版社,2007。

活动过程

一、导入故事

1. 介绍故事主人公"嘟嘟熊",并和嘟嘟熊打招呼。

提问:今天老师给大家带来了一个朋友,我们把它叫出来吧!"朋友朋友,快出来!"

小结

瞧,是谁呀?这是一只胖嘟嘟的小熊,名字叫做"嘟嘟熊"。

小结

打招呼:"嘟嘟熊你好!"

2. 回忆游乐园里好玩的地方。

过渡:小朋友们,今天啊,嘟嘟熊要到游乐园去玩,游乐园真好玩!

提问:你去过游乐园吗?你玩过游乐园里哪些好玩的玩具?

小结

游乐园里好玩的地方真多,有……有……还有……,玩起来真开心。

二、欣赏故事,初步感知"排好队,一个接一个"

1. 完整欣赏故事

——你听到嘟嘟熊在游乐场里玩了什么呀?

2. 分页讨论

(1)场景一:滑滑梯

——嘟嘟熊是一个人在玩滑滑梯吗?还有哪些小动物在玩滑梯?它在哪儿?你是怎么知道的?

小结

大家排好队,一个接一个,你不推,我不挤,滑滑梯呀真好玩。

教案篇

(2)场景二:荡秋千

——瞧,这会儿,小动物们又排起了队,它们要玩什么呢?

——那么多小动物都在等着荡秋千,有什么办法让每个小动物都能玩到秋千呢?

——让我们一起来听听小动物们是怎么说的。(画外音)你听到了什么?

小结

大家排好队,一个接一个,你不推,我不挤,荡秋千呀真好玩。

(3)场景三:小火车

过渡:这回,小动物们要玩什么呀?可是,队伍还没有排好呢!我来请一个小动物来排队:"小猫小猫快来呀!快来排队玩火车。"(小猫咪,快来排队啦!)

——你想请谁来排队?叫叫它。

小结

大家排好队,一个接一个,你不推,我不挤,小火车呀真好玩。玩好一圈,××和××也来玩,小动物们越玩越开心,它们都知道排着队玩更开心。

(4)迁移

——小动物们又玩了什么?它们会怎么玩呢?

——你还有什么时候也是排队、轮流的呢?

小结

原来幼儿园里一起玩游戏时,如果只有一个玩具的时候,我们都要排好队,一个接一个,你不推、我不挤,才能玩得更开心。

3.尾声

——咦?大家怎么又排好队,一个接一个,会是要干什么呢?

——这个小房间里传出了一个特别的声音,我们来听听是什么声音?

过渡:"哗啦啦!"(门打开,嘟嘟熊出现)嘟嘟熊,原来你在这儿呀!"小朋友们,玩游戏的时候,也不能忘了这件重要的事哦!"

三、完整欣赏,重温"排好队,一个接一个"

1.完整阅读:让我们和嘟嘟熊一起再来看一遍故事吧!

2.和嘟嘟熊道别。

——嘟嘟熊的故事看完了，你们喜欢嘟嘟熊吗？我们要和嘟嘟熊抱一抱，说再见。可是，老师这里只有一只嘟嘟熊，怎么办？（排队）

小结

孩子们，我们排好队，一个接一个，回教室去咯！

教学解析

在设计教案时，基于对素材的分析，我选择了其中的三幅图片作为自制图书的主体，分别是一个接一个玩的"滑滑梯"、一个接一个玩却可能会有人玩很久的"荡秋千"以及三个三个朋友一起玩的"小火车"。从我的表述中，大家已经可以感知到我选这三幅图片的指导思想，就是要根据幼儿的年龄特点，在有限的时间内引着幼儿一步一步走向"排好队，一个接一个"。

有了这样的指导思想，确定了三个关键的教学重点。那么，如何实施才能让孩子们自然而然地感受到"排好队，一个接一个"能为大家带来公平的快乐？怎样才能让孩子们"建立排队意识或者初步有排队行为"的出现变得水到渠成而非生硬牵强？我想，只有合适的提问设计才能够做到。

1. 滑滑梯

"嘟嘟熊是一个人在玩滑滑梯吗？"这一问题的提出，目的是引起孩子们的关注。在集体中，很多时候并不是一个人在玩，只要有不止一个人要玩某一样东西，规则就有其存在的必要性，而"排队"就是其中一种常用的规则。

在这一环节中，通过让孩子们结合自己的原有经验并集中注意去观察，然后发现"小兔在河马后面"、"小猪在嘟嘟熊后面"，从而主动建构"排队"的经验。

此处，教具设置成可以活动的，将小兔、小猪特别的"长耳朵"和"细尾巴"露在外面，可以引发幼儿主动发现的兴趣。通过句型"××在××的后面/前面"，提供幼儿语句练习的机会。

2. 荡秋千

"有什么办法让每个小动物都能玩到秋千呢？"这一问题，可以激发幼儿日常经验的积极反馈与主动运用，孩子们会把平时积累的诸如轮流玩、石头剪刀布、你玩一会儿我玩一会儿、数到十换一个等方法全都表述出来。

几次活动后，我发现，孩子们的原有经验对这一环节的师幼互动有很大的影响：有着丰富的解决日常问题的经验的孩子们，老师要注重让他们多说；但若是遇上刚入园的新小班，规则意识不强，所积累的经验也不多时，老师可以以玩伴的身份多给予孩子一些经验。

在这一环节中，除了要尽可能多地让孩子们表述自己的方法外，还渗透了小班幼儿数数的经验，可以根据孩子们的原有基础及近阶段目标，让孩子们从1数到5或10。

3. 小火车

这一环节是对小班幼儿排队经验的提升,也是本次活动的难点所在。从"一个接一个"变为"一组接一组",而孩子们喜欢和同伴一起玩,这样的提升又显得很有必要。在这一环节中,由于是新经验的提升,所以,我为孩子们创设了一个语言表达的平台:"你想请谁来排队?叫叫它"。孩子们在游戏化的情境中自然习得了"小猫小猫快来呀!快来排队玩火车"的语句。

这个环节的重点在于语言表达,因此,老师可以通过各种形式,如:老师示范、个别幼儿、幼儿集体等,帮助、鼓励幼儿的自然习得,并在之后的环节以及日常生活中注意经验的迁移。

附故事

排好队,一个接一个

嘟嘟熊要和朋友们一起去游乐园玩儿啦!游乐园里好玩儿的东西可真多呀!

有滑滑梯、荡秋千、小火车,还有很多电动玩具。嘟嘟熊已经迫不及待地要去玩儿啦!

嘟嘟熊来到一个滑滑梯跟前:"哇!滑滑梯,真好玩儿!大家排好队,一个接一个。"很快轮到嘟嘟熊啦!"嗖"的一声滑到底,"哈哈哈哈"嘟嘟熊开心地笑起来。

"咦?前面那么多人在排队玩什么呢?"嘟嘟熊走上前去:"哇!荡秋千,真开心!大家排好队,一个接一个。"终于轮到嘟嘟熊啦!嘟嘟熊坐上秋千,秋千荡起来,一下、两下……一阵阵笑声从秋千上飞下来,钻进了朋友们的耳朵里。

嘟嘟熊还玩了许多地方,最让他开心的还是小火车。因为,那是和朋友们一起玩的。"大家排好队,一个接一个。小火车呀真好玩!"这回轮到嘟嘟熊做小司机啦。

游乐场真好玩儿!大家排好队,一个接一个。嘟嘟熊说:"下次,我还要来!"

活动 1-4

是谁嗯嗯在我的头上

嘉定实验幼儿园　黄婷

设计思路

《是谁嗯嗯在我的头上》*是一本非常幽默的知识类绘本图书,用一个简单的故事串联,让幼儿认识各种动物的粪便是什么样子的。故事的主角是一只住在地下的小鼹鼠,在他追查是谁"嗯嗯"在他头上的过程中,了解了不同大小、吃不同食物的动物排泄出的粪便都不相同,最后是苍蝇帮助他找到了"元凶"。于是他"以牙还牙",把大便嗯嗯在狗的头上,这才钻回土里。

基于小班幼儿的年龄及认知特点,我对绘本进行了筛选和改编。首先,在小鼹鼠追查的"元凶"中,我选择了幼儿常见并熟悉的鸽子、马、奶牛和猪四个动物,便于幼儿观察和比较。其次,利用苍蝇的帮助来寻找"元凶"是小班孩子难以理解的,也是难以掌握的,因此在活动设计中没有加以利用。最后故事"以牙还牙"的结尾对幼儿来说在道德教育观念上带有负面的影响,因此我将故事的结尾也进行了改编,设计了以小鼹鼠发现是大狗的嗯嗯后,大狗马上赔礼道歉并清除嗯嗯的情节,让幼儿了解做错事情后要道歉并想办法解决,这样才能获得别人的原谅。

活动第一环节通过观察封面认识故事主人公小鼹鼠并提出疑问。活动第二环节在看看、想想、说说、学学、比比的过程中和小鼹鼠一起寻找是谁的嗯嗯,了解不同动物的大便是不同的,并知道做错事情,要赶紧道歉,赶紧想办法解决,这样才能获得别人的原谅。活动最后一环节再次回到封面,旨在让幼儿知道故事的名字。

活动设计

活动目标

1. 观察画面,了解不同动物的大便是不同的。

---

* ［德］霍尔茨瓦特文,［德］埃布鲁赫图:《是谁嗯嗯在我的头上》,方素珍译,河北教育出版社,2007。

2.愿意大胆想象并学说故事中的简单对话,体验故事的有趣。

活动准备

绘本《是谁嗯嗯在我的头上》,课件PPT

活动过程

一、出示封面

1.这是谁?(小鼹鼠)长什么样?(长长的嘴巴、戴着眼镜、胖胖的身体等)

2.小鼹鼠的头上顶着什么?

二、集体阅读大图书

1.图1-2

(1)小鼹鼠的头上顶的是什么呀?(嗯嗯)

(2)臭臭的嗯嗯掉在了小鼹鼠的头上,小鼹鼠气得怎么了?说了什么?(学小鼹鼠生气的样子)

(3)这会是谁的嗯嗯呢?

2.鸽子

(1)小鼹鼠头顶上是鸽子的嗯嗯吗?(引导幼儿观察嗯嗯的不同)

(2)小鼹鼠只好一声不响,默默地走开了。

3.马

(1)马的嗯嗯像什么呢?和鸽子的嗯嗯一样吗?(引导幼儿进行观察比较)

(2)(点一点大便)一样吗?小鼹鼠失望地走了。(提示幼儿观察小鼹鼠的表情)

4.牛

(1)小鼹鼠继续往前走,这回,它会去问谁呢?

(2)小鼹鼠又问:"是不是……"(引导幼儿一起说)

(3)那是奶牛的嗯嗯吗?像什么?

5.猪

(1)(出示猪的嗯嗯)这坨嗯嗯像什么?会是谁的呢?(出示猪的局部图)

(细细的、短短的尾巴加上胖胖的身体,可能是小猪。)

(2)原来,小鼹鼠又跑去问猪先生,是不是……(引导幼儿学说后面的话)

(3)猪先生的嗯嗯热乎乎的,还冒着烟呢,好臭啊!(与幼儿互动,捏鼻子等)

(4)（点一点大便）一样吗？和奶牛的嗯嗯一样吗？和鸽子、马先生的嗯嗯一样吗？

小结

原来每个动物朋友的嗯嗯都是不一样的。

6. 狗

(1)大狗发现是自己的嗯嗯,怎么办？（说对不起,把嗯嗯清理掉）

(2)小鼹鼠可以怎么说呢？（没关系）

小结

做错事情,要赶紧道歉,说对不起,还要赶紧想办法解决,这样才能获得别人的原谅。

(3)小鼹鼠那么生气,它会原谅大狗吗？（观察表情）

小结

如果人家是不小心的,又及时道歉,说了对不起,还想办法解决,就要原谅别人。

三、回到封面

认读故事名称。

教学解析

一、亮点

1. 目标达成度

活动的各个环节能围绕目标展开,通过引导孩子们对画面的观察和理解,孩子们能学学小鼹鼠生气的样子,能说说故事人物间的对话；通过观察、比较和想象,发现了每个动物的大便都是不同的。活动中教师的语言和肢体语言引发孩子共同融入故事情景,激发孩子参与活动的兴趣。同时,在孩子们的模仿、大胆想象中使整个活动的气氛都比较活跃。

2. 回应策略

活动中教师的回应机制还是比较灵活的,如活动开始部分问及"这是谁,你们认识吗？"有的孩子说是鸭子,有的孩子则没有回应,教师马上回应："这是一位陌生的朋友,让我们一起来认识一下它。"

二、不足与调整

1. 提问的设计比较局限。如：每个动物大便出现时都是问"像什么？"而且都是先出现动物，后出现大便，形式可以多样化点，如可以先出示大便，让孩子猜等。活动的预设问题对中班孩子来说缺乏挑战性。另外，教师在鼓励孩子大胆想象的同时，不要强化孩子将吃的东西和动物的大便进行比较。

2. 预设的问题更需要巧妙。整个活动中，孩子都比较兴奋，他们感受到了故事的幽默和有趣，但他们似乎无法感受小鼹鼠生气的心情。在观察大便掉到小鼹鼠头上时的表情，教师就问："小鼹鼠怎么了？"始终是让孩子处在故事情景外，如果换成："小鼹鼠气的怎么样啊？"让孩子一下子就进入了故事内容里，从而让孩子更有效地感受小鼹鼠生气的样子。

附 故 事

是谁嗯嗯在我头上

有一天，小鼹鼠从地下伸出头来，他高兴地面向太阳："哇！天气真好。"这时候事情发生了，一坨便便掉在他头上。

小鼹鼠生气地哇哇大叫："搞什么嘛，是谁嗯嗯在我头上？"

这时候，一只鸽子飞过来，小鼹鼠立刻问他："喂，是不是你嗯嗯在我头上？"

"不是我，我的嗯嗯是这样的。"

小鼹鼠只好跑去问马先生："是不是你嗯嗯在我头上？"

"不是我，我的嗯嗯是这样的。"

小鼹鼠问在吃草的乳牛："是不是你嗯嗯在我头上？"

"不是我，我的嗯嗯是这样的。"

小鼹鼠又跑去问猪先生："是不是你嗯嗯在我头上？"

"不是我，我的嗯嗯是这样的。"

远远的，小鼹鼠又看见了两只小动物，"是不是你……"他一面说一面走进他们，原来是两只又肥又大的苍蝇。小鼹鼠高兴地想："啊哈……我知道谁可以帮助我了。"他走过去问苍蝇："我头上的嗯嗯到底是谁的？"苍蝇对小鼹鼠说："那有什么问题，你乖乖坐好，我们来试试就知道了。"苍蝇只是戳了他头上的嗯嗯立刻就知道了："这是一坨狗大便。"

小鼹鼠立刻跑去找大狗。大狗正在打瞌睡，小鼹鼠问他："为什么你嗯嗯在我头上？"大狗闭着眼睛，懒懒地说："我不小心嘛，你想怎么样？"小鼹鼠气得跑到狗屋上面，哇哇大叫："你应该说对不起。"大狗赶紧说："对不起。"还帮小鼹鼠擦干净了头上的嗯嗯。

活动 1-5

小鸡叽叽

虹桥中心幼儿园　金晔

设计思路

绘本《小鸡叽叽》*画面清晰,人物简单,便于幼儿观察与思考,而小鸡"自我为中心"的心理特征非常突出,很符合小班幼儿的年龄特点。故事重点就在于小鸡觉得自己的歌是唯一的、最好的,但是小鸡通过询问小鸭和小鹅的唱歌方法,出乎意料地发现它们唱歌的声音竟然完全不同于自己,所以尝试采用夹叙夹议、多媒体与小图书相结合的组织形式,让幼儿体验小鸡的情感,去发现自己与别人是不同的,愿意从内心去接纳别人。整个阅读过程,需要老师带领幼儿在边看、边听、边演、边思考的过程中去解读绘本,从而体现出本次阅读活动的价值。

活动设计

活动目标

1. 观察小鸡和朋友们唱歌的故事画面,明白不同动物的唱歌声音不一样。
2. 能用语言大胆说说画面内容。
3. 体验小鸡爱唱歌的快乐情感。

活动准备

1. 物质准备:多媒体课件、人手一本小图书、背景音乐
2. 经验准备:初步掌握翻阅小图书边听边看的阅读技巧

---

* 刘喜成文、陈永镇画:《小不点丛书:小鸡叽叽》,河北少年儿童出版社,2006。

> 教案篇

活动过程

一、人物介绍——引起兴趣

提问：

1. 这是谁？

2. 这只小鸡长什么样子？

小结

黄色的小鸡真可爱，毛茸茸胖乎乎，伸出两只尖尖爪，跟它打个招呼吧！

3. 猜猜这只小鸡在干嘛？（画外音小鸡唱歌）

4. 小鸡是怎么唱歌的啊？

5. 它唱起歌来的动作是什么样的啊？（引导幼儿观察并模仿小鸡唱歌的动作）

小结

小鸡可喜欢唱歌啦，大家都夸它唱歌好听！它觉得唱歌就应该是叽叽叽的。

二、多媒体阅读——夹叙夹议，感知故事大意

1. 小鸡与小鸭相遇

师：小鸡出门去玩耍，一边走路，一边还唱着歌呢，叽叽叽叽叽叽，它遇到了一个好朋友。（观察画面）

（1）它是谁？

师：小鸡看到小鸭，得意地问：小鸭小鸭，你会唱歌吗？小鸭子心想，唱歌，我最拿手了，我唱起歌来，可好听啦！

（2）小鸭在干嘛？小鸭唱起歌来是什么样的姿势啊？（引导幼儿观察并模仿小鸭子唱歌的声音和动作）

（3）小鸡听到小鸭唱歌嘎嘎嘎，嘎嘎嘎，它脸上是什么样的表情呢？（观察画面，小鸡惊讶）

师：小鸡心想，奇怪了，小鸭子唱歌怎么不是叽叽叽叽叽叽的呢？它觉得小鸭子唱错了赶紧说：不对不对，唱歌应该是叽叽叽、叽叽叽的。小鸭子听到小鸡这么说，不高兴了。小鸭说道："哼，我妈妈就是这样教我的呀！"

过渡：小鸡听了小鸭子这么说，还是有点糊涂，难道唱歌还有不一样的声音吗？我要继续去问问别人。于是小鸡继续叽叽叽、叽叽叽地唱着歌朝前走去。

2. 小鸡与小鹅相遇

(1)走着走着,小鸡又遇到了谁?(小鹅)

(2)它想知道小鹅会不会唱歌,怎么问啊?(引导幼儿扮演小鸡问小鹅)

(3)小鹅是怎么样唱歌的啊?小鹅唱起歌来会做什么样的动作?(引导幼儿观察并模仿小鹅唱歌的声音和动作)

(4)小鸡听到小鹅唱歌是吭吭吭的,觉得不对,它是怎么想的?(观察画面,说说小鸡的表情和想法)

(5)小鸡觉得小鹅唱得不对,会对小鹅说什么呢?

(6)小鸡说完,小鹅是什么表情啊?小鹅想想鹅妈妈就是这样教它吭吭吭地唱歌的,也不高兴了,会对小鸡说什么呢?

小 结

原来小鸭子和小鹅、小鸡唱歌的声音都是不一样的呢!小鸡唱歌叽叽叽,小鸭唱歌嘎嘎嘎,小鹅唱歌吭吭吭。

三、小图书阅读——师幼共读,完整欣赏

过渡:小鸡叽叽,一直不明白为什么小鸭和小鹅唱歌都和自己不一样,于是它回家问鸡妈妈。

阅读要求:小手变成小夹子,轻轻捏住小书角,仔细听,认真看,一页页往后翻!

提问:鸡妈妈对小鸡说了什么呢?小鸡最后弄明白了吗?

小 结

小鸡终于明白了,就像鸡妈妈说的那样,小鸭和小鹅它们也有自己的歌呀!

四、延伸:

你会唱歌吗?你会唱什么歌呢?

小 结

其实,男孩和女孩、大人和小孩唱歌的声音也都是不一样的哦!

教学解析

《小鸡叽叽》这则小班阅读活动，我们在实施的过程中主要抓住了"情"和"趣"。情境性和游戏性则是小班幼儿学习活动中必不可少的元素。本次活动中，幼儿非常入戏，教师在开场时候先让幼儿去感知小鸡的形象，了解小鸡爱唱歌的特点，模仿小鸡唱歌时神气的动作，再以拟人化的方法，让幼儿模仿小鸡唱歌来和大家打招呼，加深幼儿对小鸡外形特征与爱唱歌的特点的理解，为后面的故事阅读做了良好的铺垫。

"热身"完后，教师采用夹叙夹议的方式带着幼儿共同走进多媒体图书阅读，引导幼儿理解故事的内容，体验人物的心理变化。比如，小鸡叽叽一直觉得"叽叽叽"是唯一唱歌的方法，更是最好听的声音。当小鸭出现的时候，小鸡试探小鸭是如何唱歌的，听到小鸭子嘎嘎嘎唱歌的时候，小鸡心里便产生了矛盾与好奇，这里如何解决呢？鉴于小班幼儿能体验但不善于语言表达的特点，在此，教师运用了画外音：唱歌，我可会唱啦，嘎嘎嘎。再请幼儿视听结合，观察小鸡听到小鸭唱歌后的表情，让幼儿猜测小鸡心里是怎么想的？这里，幼儿基本能够感受到角色的心理变化，可是无法用言语表达出小鸡与小鸭的对话。本着学习活动的特质，让幼儿先通过听听教师说出的小鸡的语言，让幼儿进一步感受小鸡不理解小鸭嘎嘎嘎唱歌的方法，再次说说小鸭听到小鸡否认并嘲笑自己歌声后的角色对话。这样，使幼儿在理解的基础上，为后面与小鹅相遇后的角色对话提供一个心理与语言示范。果然，到了第二段，当小鸡再度遇上小鹅，听到小鹅吭吭吭唱歌时候产生的对话，幼儿也能够在之前小鸡与小鸭相遇的心理和语言的基础上说出小鸡与小鹅的情景对话。从而，引出小鸡遇到的两个朋友且唱着不同的歌曲时候，回到家去问鸡妈妈的想法。带着这个问题，孩子们愿意静下心来跟着老师走入第三环节的小图书自主阅读，从中去聆听并寻找鸡妈妈给予的答案。

整个教学活动，教师在夹叙夹议中饶有情境性地陪伴幼儿走进阅读。感知小鸡从自以为"叽叽叽"是唯一的歌声，一直到遇到小鸭，嘲笑小鸭，再到遇见小鹅，对不同的歌声产生质疑。最后，带着疑问，在师幼共同阅读小图书的环节中，由鸡妈妈一句简单的回答：是你错了，小鸭和小鹅，它们也有自己的歌声啊！让孩子悟到了不同动物的唱歌声音都是不同的。

由于小班幼儿在自主阅读时候注意力的稳定性不够，可以播放舒缓、轻柔的音乐，引导幼儿有序地跟着老师一页一页翻书阅读，尤其是在自主阅读前，我们要先给予幼儿一定的阅读方法，采用儿歌的形式，帮助幼儿记住如何翻书。

总之，小班的阅读就是要创设逼真的情景，让幼儿大胆尝试表达表现出人物的内心变化，想象并说说人物的对话，在教师夹叙夹议的引导下，带幼儿阅读故事，为整个教学活动目标的达成做好每一道平台的搭建。

附 故 事

小鸡叽叽

小鸡叽叽一天天长大了。她的嗓音很好,唱歌很好听:"叽叽叽,叽叽叽。"小鸡叽叽问小鸭:"你会唱歌吗?"小鸭张开大嘴唱起来:"嘎嘎嘎,嘎嘎嘎。"小鸡叽叽笑起来:"不对,不对,应该是叽叽叽,叽叽叽。"小鸭不高兴地说:"妈妈就是这样教我的!"小鸡叽叽又问小鹅:"你会唱歌吗?"小鹅伸伸脖子唱起来:"吭吭吭,吭吭吭。"小鸡叽叽着急了:"不对,不对,你唱得不对。"小鹅说:"怎么不对?我妈妈就是这样教我的!"小鸡叽叽把这事儿告诉了妈妈。妈妈说:"是你错啦,小鸭和小鹅有它们自己的歌呀!"

教案篇

活动 1-6

摘 果 子

童乐幼儿园　顾莉玲

设计思路

《摘果子》*讲述了一个简单的朋友互助的小故事。小刺猬想摘树上的果子,但是摘不到,后来在小猴子的帮助下一起摘到了果子。故事情节简单易懂,六页故事画面简洁,容易理解,适合小班上学期的幼儿,在幼儿接触阅读的初步阶段来开展活动。

在小班幼儿的阅读过程中,观察是无序且跳跃的,对画面内容的认知也依赖于行动。思考这个活动时,将趣味、情境融入到活动中,在阅读中带给小班幼儿愉悦的体验。

这次活动可以采用多媒体形式来呈现画面,在原有的内容上增加动态画面,使孩子在视觉上更丰富、更感兴趣。根据故事情节,以分段呈现的方式,让幼儿试着将两张图片连着看,并通过集体解读、集体互动来帮助幼儿理解故事的情节。为了让小班的阅读活动更加富有趣味,适当加入情景体验,通过活动现场的互动,和孩子一起体验小刺猬摘果子、朋友互助摘果子这些动作场景。

最后完整欣赏的环节,以人手一本小图书阅读的方式作为完整欣赏,这里运用了适合小班初期学习阅读方法的手段,以"书宝宝的小手"来帮助孩子区分不同的画面。在这种拟人化的环境中,结合教师的提示语,孩子能试着一页一页、有序地、完整地翻阅图书。这样的处理,让小班感知翻阅图书的方法,为幼儿日后自主翻阅图书积累了经验。

活动设计

活动目标

1. 理解小刺猬从"想摘果子"到"想办法摘到果子"的故事情节,感受摘到果子的快乐。
2. 愿意和老师一起翻看小图书,初步感知阅读的方法。

---

* 祝晓隽文,吕秋梅绘:《摘果子》(早期阅读小班上册),华东师范大学出版社,2005。

活动准备

课件PPT,苹果图片、小图书人手一本

活动过程

一、情景导入,熟悉角色

师:瞧,来了一个可爱的小刺猬,我们向它问个好:小刺猬早上好!
师:猜猜看,小刺猬最喜欢吃的水果是什么?(引出苹果)

二、集体阅读,想象表达

1. 观察图1和图2

师:小刺猬发现了什么?
师:小刺猬发现了一棵苹果树,会怎么做?

小 结

小刺猬在果园里发现了一棵的苹果树,树上的果子又红又大,小刺猬真想摘一个尝尝啊!
师:仔细看看小刺猬在干什么?
师:摘到苹果了吗?

小 结

苹果树那么高,小刺猬个子太小了,找不到果子,心里真着急啊!
师:怎样才能摘到苹果呢?(发挥想象,为小刺猬想办法)

小 结

你们可真聪明,想了那么多好办法来帮助小刺猬。小刺猬也有了一个好主意,我们接着往下看。

2. 观察图3—图5。

师:小刺猬请来谁帮它的忙?

教案篇

师：要请朋友来帮忙，要说一句好听的话，小刺猬会怎么对小猴子说呢？

师：小猴子是怎么帮助小刺猬的？

教师和幼儿分别扮演小猴子和小刺猬，模仿故事情节，体验一起摘果子的快乐。

3. 观察图6

和朋友一起摘的果子特别好吃，瞧，两个好朋友吃得真开心！

三、阅读小图书，感受快乐

教师、幼儿围坐一起，共读小图书，完整欣赏故事。

教学解析

这个活动教材是我园园本课程中的一本，故事内容很经典，之前我们也用过大图书阅读的演绎方式。源于这次珍贵的机会，我尝试对这个活动的演绎方式进行了改变，即结合我们幼儿园近年的研究经验，融入了小图书阅读，并增加了情境体验。

一、激发阅读兴趣

小班上学期的幼儿刚入园，来自不同家庭的他们，阅读的经验和兴趣都是不同的。要让孩子爱上阅读，兴趣的激发是最重要的。而这个时期的幼儿的年龄特点决定了我们更需要调动他们多种感官的体验，让孩子用眼睛看、用耳朵听、用手触摸，甚至是用心感受阅读活动，让孩子充分感受到阅读活动中的乐趣。

在这个活动中，我比较注重情境的体验，在情境中的阅读最能激发幼儿兴趣。在小刺猬摘不到果子时，我出示了一个红苹果教具，并且举到半空中，仿佛把苹果树真的呈现在孩子面前了，可以让孩子从静态的阅读中动起来，调动不同的感官来体验阅读。我曾经也试过用PPT的方式互动，但是幼儿除了纯粹的动作体验，始终没有办法体验到一种乐趣，似乎兴趣不高。也就是说，孩子是被老师要求着去跳，却忘记了为什么要跳。于是在李慰宜老师的指导建议下，我加入了这个苹果，效果真的不同了，孩子们不仅纷纷争着来摘果子，还想尽办法来摘、站到台阶上、找高个子等完全融入了故事中。

在后面的环节中，围绕故事内容，我也适时地运用了不同的情境体验，比如和小猴子一起摘果子、接果子，以及好朋友一起分享果子。孩子们仿佛始终与画面人物一起经历着整个故事，有效地激发了幼儿对故事的兴趣，并为阅读小图书奠定了基础。

二、感知阅读方法

集体阅读活动的一个重要价值，是能够传递新经验。小班孩子观察画面是零散无序的，当一个全新的故事绘本呈现在小班孩子面前时，每个孩子的阅读水平是不同的，我们无法以同样的标准来要求孩子,无论如何都是需要帮助和台阶的。

这次的活动,一共分为两部分,每个部分都有不同的阅读要求。小班孩子的思维特点决定了他们在阅读中(特别是阅读新故事的时候)需要大人的引导。第一部分的多媒体阅读,是教师为主导的导读,让幼儿在教师的指导下,学着有序地看画面。在设计时,根据情节,我分成几段来解读,每一段最多2张图片,让幼儿感知图片可以连起来理解。

小图书的阅读是最后的完整欣赏环节。在集体解读故事以后,孩子对故事的兴趣还保留在最高点,这时完整欣赏一遍故事,让幼儿完整地重温一遍故事。一方面是为了让孩子在集体中学会翻阅小图书的方法,另一方面,也是为了让孩子再看一遍故事,让他们能够通过近距离接触图片,学会边听指导语边翻阅图书。这样,能够满足孩子对故事的兴趣,也能够让他们充分地体验到阅读的不同方式(媒体阅读和图书阅读、教师带读和自主阅读)。

其次,我对小图书也进行了一些小小的改动,在页码处贴上了不同颜色的小手标签。初次接触早期阅读的幼儿,对页码没有概念,更没有翻阅图书的良好习惯。这个小手标记的运用,一方面使小图书变得拟人化,变成了书中的小精灵,能够让孩子对图书产生浓厚的兴趣,在翻阅的时候,好像拉着朋友的小手;另一方面,小手标记其实是起到了页码提示的作用,当孩子们找不到图片的时候,可以通过有颜色的小手来迅速对应图片,帮助孩子在集体中尽快地学到方法、体验到成功。

三、注重表达表现

表达表现也是小班语言的培养重点,让孩子在活动中愿意说、敢说、喜欢说,并且乐意用不同的方式来表达自己的理解。阅读活动中可发挥的元素很多,在这个摘果子活动中,我也进行了一些预设。

根据故事的内容,苹果是贯穿始终的一个物品,小刺猬摘果子、好朋友摘果子、大家分享果子,都是围绕着这个形象来展开的。这是整个故事的重心与重点。这里,我首先考虑到了小班孩子在阅读中的表达和表现,当前面帮助孩子们对小刺猬摘不到果子的情形进行解读时,我的提问是:"小刺猬是怎么摘果子的?他非常的迫切。"在说的时候,还不自觉地配上了动作:小刺猬跳起来了,手举起来……。然后,我又问:"摘到了吗?"这时,我顺势出示这个苹果,就满足了孩子的表达需求。在这个环节中,让幼儿体验到摘苹果很困难,光靠自己一个人的力量是不够的,也是为后文小刺猬找朋友帮忙作了铺垫。

对小猴子和小刺猬一起摘果子的这个环节,我和伙伴们也有过多次讨论和碰撞。关于"扔"和"接"这两个动词,小班孩子的理解借助肢体语言,因此在教学现场和孩子一起表演这两个动作是合理的。在表演时,教师和孩子又有了角色区分,变成小猴子和小刺猬,一起摘果子,把孩子的兴趣继续推高。

四、活动中的思考

在伙伴们的帮助下,活动的演绎还是获得了一定的认可。不过还是需要多听听客观的意见,来帮助我提高自身的演绎和反思能力。

教案篇

1. 小图书如何运用更合适

这里分为两个部分，一个是第一次出示小图书，为了让孩子产生一种亲近感，更好地和书本互动，我尽量使用拟人化的语言，比如"书宝宝很小"、"喜欢和你拉拉手"、"请你说声'你好'"……以此来营造一个童话般的意境，让孩子充分沉浸其中。第二个是集体翻阅的时候，我反复使用了"请你拉着小手""××颜色的小手"这样的提示，来帮助幼儿及时找到和老师的故事叙述对应的图片。

其实在反思时，我认为还有一种方法更合适、更有效：第一部分，充分交代要求，把书宝宝的小手讲清楚，用幼儿能听明白的语言来介绍，知道等会儿翻书的时候，就要去找小手；第二部分，不要刻意去强调这个小手，而是淡化它，让孩子拉着手往后翻，而我的语言要保持一个连贯性，不要破坏"完整欣赏"的完整性。

2. 角色扮演中的教师定位

为了让活动更有趣，我在活动中穿插了几处角色扮演：教师扮演树，让幼儿摘苹果；教师扮演小猴，摘下果子给幼儿；幼儿扮演小猴子，教师扮演小刺猬接果子。孩子们很喜欢这样的方式，但在最后一处有些失控，孩子们有的扮演小猴子，有的和教师一起扮演小刺猬。我自己认为可能要求没说清，或者幼儿已经疲劳。但李慰宜老师的建议却提醒了我：教师的角色身份为什么要变那么多？一开始是树，后面却变成了小猴子、小刺猬，幼儿无法明确老师的身份，所以表现出来的行为也是随意的。教师的角色身份不宜转换过多，如果前面扮演树，后面也应扮演树，让情境更加完整，并且能够在情境中以角色身份来提示幼儿。这样的处理，会让活动重点更加明显。

附 故 事

摘 果 子

草地上有一棵苹果树，小刺猬站在树下数苹果，一只，两只，三只……小刺猬真想摘一只大苹果，可是树好高啊！怎么办呢？

哈，小刺猬有主意了。去找小猴帮忙吧！"小猴，你能帮我摘果子吗？""好啊，我愿意！"

好朋友一起摘果子，一只，两只，三只……

大家一起吃苹果吧，苹果真甜！

活动 1-7

小玻去公园

童乐幼儿园　顾莉玲

设计思路

本次活动设计来源于小班主题《动物的花花衣》*中的素材点：根据局部特征辨认动物。考虑到单一地辨认动物缺乏游戏性和情境性，于是我选择了以一个故事作为载体，以小玻去公园玩遇见了不同的朋友为故事线索，将辨认动物的要求融合在故事情境中。故事的内容贴近孩子的生活，人物形象也生动可爱，适合小班孩子。

本次活动的主要教具是自制的大图书，将故事中的画面经过删减、设计后呈现出来，简洁地突出每个画面的重点，便于孩子观察。过程中，有的是听老师讲述，在倾听时把画面和老师的语言联系起来；有的是需要幼儿仔细地辨认，通过提示逐步辨认出动物，并与之游戏。

根据故事的线索和活动目标，活动分成了几个互相联系、层层递进的几个环节，通过看、想、玩、说等多种方式，和孩子在故事情境中体验了"找朋友一起玩"的过程。

活动设计

活动目标

1. 理解小玻去公园玩球的相关情节，并能大胆说说自己的想法。
2. 尝试根据局部特征辨认动物，感受小玻和新朋友在一起的快乐。

活动准备

小玻形象图片、自制大图书、玩具皮球。

---

* [英]艾力克，希尔著：《小玻系列翻翻书：小玻去公园》，彭懿译，接力出版社，2006。

教案篇

活动过程

一、引出角色，导入情景

——今天，我带来一个可爱的朋友，我们来认识一下他吧！

（打招呼引出小玻，认识人物角色）

过渡：星期天，妈妈要带小玻上公园去玩，小玻高兴极了！他立刻放下手里的玩具，准备出发啦。

二、依次观察，逐步理解

1. 引出皮球，引起兴趣

讲述：要出发了，妈妈走到门口，回头一看，小玻还没出来。

关键提问：

——小玻在干什么？

——去公园，怎么要带上皮球呢？

小结

皮球是小玻最心爱的玩具，公园里又大又漂亮，可以尽情地玩皮球啦！小玻，带上球，赶紧出发吧！

2. 猜测形象，理解情节

讲述：小玻去了公园，会怎么玩球呢？我们一起来看看吧！

关键提问：

——小玻是怎么玩球的？

（小玻抬起腿，用力一踢，"嘭"，皮球嗖地一下飞上去了）

——咦，小玻的球哪儿去了？

——你怎么知道是大象？（看四肢猜测大象）

——大象怎么生气了？（原来小玻把球踢到了大象身上）

——小玻要怎么说？

小结

玩球的时候，要小心一点，踢到朋友身上可不太好啊！

3. 继续猜测，感受快乐

讲述：小玻一边玩球一边往前跑，球又不见了，抬头一看，看见了一个好朋友。

关键提问：
——这个好朋友躲在哪里？
——猜猜这是谁？（看身体猜测河马）

小结

原来是河马，他还捡到了小玻的皮球呢！遇见了朋友真开心啊，小玻带着河马一起玩。

关键提问：
——小玻在和谁打招呼？这个朋友躲在哪儿？
——它会是谁？（逐步猜出鳄鱼）

小结

原来是小鳄鱼啊！遇见你太好啦，我们一起玩儿吧！
——现在，一共有几个朋友一起玩？

4. 问题情境，情节转折

讲述：三个朋友一起玩，小玻用力扔，球扔得好高。

关键提问：
——皮球掉进了池塘里，这可怎么办？
——皮球自己游过来了！猜猜是谁在帮忙？

小结

原来是鸭子，鸭子把皮球送回来啦！谢谢你，小鸭子！小玻认识了小鸭子，他们也成了好朋友，大家一起玩吧！

三、活动延伸

（出示皮球）
——我们也一起玩皮球吧，想想看，玩球的时候要注意什么？

教学解析

这个活动的开展更像是和孩子的一次游戏，大图书延续了原作的设计形式，将人物巧妙地融

> 教案篇

进了可以翻开的书页里,孩子的兴趣很浓,仿佛真的与小玻一起来到公园,经历了各种有趣的事。活动中,除了对图片的细致观察、游戏性的情境互动,我还关注孩子的情感体验,在轻松、愉快的氛围下开展整个活动。

那么,如何实现活动的阅读发展目标呢?

一、观察时,要求提在前

小班孩子思维很直观,语言也很直接,往往看到一点就要说出口。在早期阅读活动中,我们的培养目标之一是帮助孩子仔细观察画面,并能理解画面中的情节。因此,在观察第一个情节"小玻踢球"的时候,在幼儿翻开大图书前,我提出了"仔细看,先不说"的六字要求,提示孩子随着老师的引导,静下心去看,仔细观察画面中的细节,试着联系前后画面来理解情节。这样的处理用意在于,帮助小孩子逐步形成良好的观察习惯,在看图时能试着进行有意的观察。

在翻开图书后,孩子一下子被书页上明亮鲜艳的画面吸引住了,人物的动态也显得特别有趣,那怎样帮助孩子理解自己看到的相关内容呢?在小玻踢球的这一页上,我静待孩子看了几秒后,伸出手指,在动线处轻滑了几下,又作出奇怪不解的表情,暗示皮球不见了。在下一页大象出现时,我沿着大象外形划了一圈,接着落在大象露出的脚上,最后落在小玻惊讶的表情上。这样的无声暗示,好像在为孩子有序地展现一个情节,通过后面的交流环节,从孩子的表达中可以听出,他们已看懂了大部分内容,也理解了两幅画面的情节。

二、有挑战,搭设一个台阶

活动中,"观察局部猜测动物"是一个挑战。随着情节发展,先后出现三个动物,被遮挡了不同的身体部分,需要孩子来猜测。孩子很喜欢这样的游戏,对此充满了兴趣和好奇,但想象与猜测是不同的,想象可以无边际,而猜测则要结合线索,合理推测。活动重点在于合理的猜测,因此如何引导小班孩子在情境中进行合理猜测,是需要一定的思考与设计的。

我在原作基础上进行了改动,将三个动物的猜测难度分为三个层次。其中,猜大象很容易,出示局部,看到脚就很容易知道是大象;猜河马需要关注一些细节,通过小耳朵、体型、颜色等一些细节来推测是谁;猜鳄鱼的难度最大,背部的特殊纹理很容易混淆,因此有了两次翻页的设计。这样设计的意图是,把对孩子的挑战循序渐进,并且在最难的地方有了一个小小的台阶,没有彻底难倒孩子,通过大家找到的几种线索,还是猜出了动物,体验到成功的乐趣。

三、渗透情感,情境中学习

在活动中,对小班的语言表达也要关注。这个故事中就有很多常用的礼貌用语,也有生动的生活场景,仿佛再现着孩子自己的生活。因此,在理解故事情节的同时,生活与情感也在渗透。比如出门前,小玻在很多的玩具里选择了皮球,孩子能理解,因为这是它最喜欢的玩具,去哪儿都要带着,就像所有的孩子一样。这个细节,让孩子仿佛看见了自己的影子,所以他们理解小玻,一下子在心理上获得了共鸣。

去公园的一系列情节,设置了不同场景,遇到大象伯伯的时候,是小玻踢球打扰了别人。在理解图片的基础上,孩子们立刻自然而然、有礼貌地向大象道歉。在遇见河马、鳄鱼的时候,小玻要招呼他们一起玩,孩子们又再现了平时的语言:一起玩吧!这是孩子之间最友好、最常用的交往语言,一点也不陌生、生硬。当遇见朋友后,小玻和朋友一起玩,老师和孩子们一起玩,好像一起走进了生动的情境中。

在情境中让小班孩子感受一种与别人相处的礼貌,这样的渗透和练习,是一种生活情境的再现和延续,逐渐变成孩子的良好习惯。

附 故 事

小玻去公园

天气真好,妈妈要带小玻去公园,小玻真高兴,带着最心爱的皮球出发了。小玻来到公园,开始踢球。

嘭——小玻一脚踢得老高,皮球不见了!在哪儿呢?原来掉在大象伯伯那儿去了。大象伯伯在看报,不要打扰他。

咕噜噜,小玻滚皮球,滚进了草丛。草丛里躲着一个朋友,哈,是河马呀!

河马,我们一起玩吧!小玻与河马玩捉迷藏,在水管玩具里发现了鳄鱼。

鳄鱼,我们一起玩吧!小玻、河马和鳄鱼一起玩球,球飞起来啦!哗啦一声——球掉进了池塘里,这可怎么办?

嘎嘎嘎,池塘里的小鸭子来帮忙,把球还给小玻。

今天真开心,和好朋友玩,还认识新朋友,小鸭!

教案篇

最好吃的蛋糕

浦南幼儿园　梅芳

设计思路

　　为什么是最好吃的蛋糕呢？因为这是鼠家三兄弟亲手做的蛋糕，亲手做的。这还不够，这蛋糕是用大饼做的，大饼怎么做成蛋糕呢？这里还有秘密哦！《最好吃的蛋糕》*就为我们讲述了这样一个有着满满爱的故事。故事中鼠兄弟对妈妈的爱是层层铺染开的，最后妈妈的一句"这是我吃过的最好吃的蛋糕"将爱的情感渲染至极。

　　这份孩子对母亲浓浓的爱，我们想让孩子能够深切地感受到。怎么来感受，如果是幼儿第一次阅读这个绘本，会得到怎样的结果呢？可能我们会花笔墨在帮助孩子理解故事情节上，在情感渲染上的力度会减弱。经过反复思考后，我决定进行一次尝试，先让幼儿通过亲子阅读了解故事的情节，然后再进行集体阅读，重点就落在对几幅重点画面的观察上，通过情感的渲染让幼儿感受到这份浓浓的爱意。

活动设计

活动目标

1. 观察小老鼠把大饼做成蛋糕的故事画面，理解小老鼠爱妈妈的故事内容。
2. 愿意用语言大胆表述小老鼠沮丧、快乐等的心情，感受把蛋糕送给妈妈所带来的快乐。

活动准备

幼儿亲子阅读过绘本、课件PPT

---

* ［意］弗兰杰西卡·玻丝卡文著，［意］朱里安诺·费瑞图：《最好吃的蛋糕》，方素珍译，湖北美术出版社，2009。

活动过程

一、记忆再现——回忆故事内容

1. 今天老师带来的这本小图书看过吗？小图书的名字叫什么？
2. 小图书里说了什么故事呀？
3. 妈妈要过生日了，鼠家三兄弟可高兴了，他们想怎么为妈妈过生日？
4. 他们高高兴兴地去买漂亮的蛋糕，可是买回来的是什么呀？为什么？

小结

钱不够只能买了大饼。

二、重点阅读——阅读主要画面

1. 出示图三
——蛋糕买不成只能买大饼的三兄弟心情怎么样呀？怎么不高兴呢？
——谁来做做这三兄弟呢？（启发幼儿表现不高兴的三兄弟）

小结

蛋糕买不成只能买大饼的三兄弟垂头丧气地回家了。

2. 出示图四
——他们就一直这么不开心吗？是谁出的主意呢？（指出鼠老大）
——老大就是老大，就是主意多，哎，想出的办法在哪里？（了解云记号表达的意义）

小结

能把说的和看的联系起来，本领真的很大。

3. 出示图五
——蛋糕怎么做的呢？
——蛋糕就是这么做的？瞧瞧，鼠老大说了，"我要把不舍得吃的奶糖加进去，我自己不舍得可给妈妈舍得呀"，对这个鼠老大是不是要翘翘大拇指呀，自己不舍得，给妈妈舍得，这是对妈妈的——？（爱）
——爱妈妈就要有行动哦，鼠老大把奶糖融化了像奶油一样一层一层地铺在大饼上，闻一

教案篇

闻,香不香呀。看到老大带头了,老二、老三也不甘示弱,瞧瞧,他们拿出什么了?这香肠肯定也是他平时——?(不舍得的,喜欢的)

——还有呢?花在蛋糕上好美呀,漂亮妈妈最喜欢花了。

——三兄弟把对妈妈满满的爱装进了蛋糕,这样的蛋糕买得到吗?是呀,太特别了,肯定是世界上最好吃的蛋糕。

——他们还在想妈妈拿到蛋糕会怎么呢,妈妈会怎么样?

过渡:想着想着,门"啪"地打开了,妈妈轻轻地走了进来。

4. 出示图六-图七

——三兄弟看见妈妈来了,马上怎么样呀?

——孩子们,一起把蛋糕送给妈妈吧!(一起唱起生日歌)

——(老师扮妈妈)说:"这是我吃过的最好吃的蛋糕呀!孩子们,谢谢你们。"

——为什么这是最好吃的蛋糕呢?

小 结

这自己做的蛋糕里有你们对妈妈的爱呀,妈妈有你们这么可爱的宝贝真是太幸福了。

教学解析

绘本《最好吃的蛋糕》不是第一次上,但是这一次的尝试,却是让我上得最感动的一次,因为"爱"被充分地挖掘出来了,我和孩子们都得到了一次爱的熏陶。

这份"爱"怎么在活动中被渲染出来呢?

第一波:体验三兄弟的垂头丧气

鼠家三兄弟为了帮妈妈过生日去买蛋糕,可是因为钱不够,只能买个大饼。画面中那"垂头丧气"的模样能让我们感受到这时三兄弟的心情是多么沮丧和难过,这样的心情正是因为美好想法落空后的失望,高高兴兴地出门买蛋糕,买回来的却是大饼,这份心情是需要去体验的。于是,我们鼓励孩子来模仿一下,"他们怎么不高兴呀?"肢体语言优于口头表达的小班孩子马上就模仿鼠兄弟,撅起了嘴,低下了头。这时候,老师通过个别幼儿的表演让所有的孩子一起来感受这份心情。

第二波:感受三兄弟的这份"舍得"

一块大饼难住了三兄弟,他们该怎么办呢?怎么才能完成心愿给妈妈一个生日蛋糕呢?鼠家三兄弟没有一直不高兴下去,聪明的鼠老大一拍脑袋想出了一个好主意——用大饼做蛋糕,这是一个奇思妙想。怎么做呢?这时候,三兄弟对妈妈的爱发挥到了淋漓尽致,老大拿出了舍不得吃的奶糖,老二拿出了舍不得吃的香肠,平日里自己舍不得吃,可是今天做蛋糕却舍得,因为这是给妈妈吃的呀。于是,在说到老大时,老师以老大的口吻说道:"我自己不舍得,可给妈妈舍得呀!",是不是该伸出大拇指夸夸老大,自己不舍得给妈妈却舍得,这就是对妈妈的什么呀?——爱。老二也是呀,舍不得吃的香肠也拿出来了,更让人感动的是这个香肠曾被老二咬掉过一口,那是怎样的心情啊,想吃又舍不得,可今天也拿出来了。鼠兄弟的这份"舍得"饱含着对妈妈的爱,因此在活动中要渲染出来,让孩子充分感受到。

第三波:体验完成心愿的快乐

三兄弟想着妈妈看到这蛋糕会是怎么样的心情,这时候门开了,三兄弟一看是妈妈,马上送上了做好的蛋糕。这个送蛋糕、唱生日歌的情节,通过老师的一句提示"三兄弟看见妈妈来了,马上怎么样呀?"孩子们马上也"端着蛋糕"送给了"老师妈妈",随着"生日歌"音乐的响起,孩子唱起了最拿手的生日歌。最后,妈妈对孩子们的拥抱,一句"这是我吃过的最好吃的蛋糕"表达了妈妈对孩子们深深的爱,而孩子们的爱也融入在其中。

这是一个关于爱的故事,"有爱就要大声说出来"。《最好吃的蛋糕》就是要把爱诠释出来。

附 故 事

最好吃的蛋糕

今天,是妈妈的生日,鼠老大说给妈妈买个生日蛋糕,鼠老二、鼠老三都同意了。

可是他们的钱不够,只能买个大饼。老大、老二、老三垂头丧气地回家了。

就这么一直不高兴下去吗?没有,鼠老大拍拍脑袋说:"大饼是可以变成蛋糕的。"老大拿出一直舍不得吃的奶糖,老二拿出咬了一口的香肠,老三采来一把鲜花,一朵一朵地插在大饼上。

蛋糕做好了,鼠兄弟正想着妈妈看到了会怎么样呢,妈妈轻轻推开门,三只老鼠齐声唱起来:"祝你生日快乐……"妈妈笑着说:"这是我吃过的最好吃的蛋糕。"

中班

活动 2-1

子儿吐吐

海贝幼儿园　孙丽芬

设计思路

绘本《子儿吐吐》*故事简单,它来自幼儿的日常生活:小猪"胖脸儿"吃起东西来总是又快又多。这一次吃瓜不吐子儿违背生活常识,可通常也无甚大碍。缺乏生活知识的幼儿很容易犯下这样小小的错儿。可是这样一个富有张力的题材,它一头联系着生活中实实在在的日常经验,另一头则悄悄打开了文学创造中奇特有趣的想像空间,所以特别容易被幼儿理解并产生共鸣。

在《生活》中就提及了幼儿自主剔除鱼刺、虾壳等生活自理的要求,随着幼儿年龄的增加,许多自理的要求慢慢就渗透进了日常生活。活动的导入部分从胖脸的故事开始,最后在分享不同食物的不同食用方法中结束,整合了中班幼儿食用各种食物的经验。

活动设计

活动目标

1. 观察画面,理解不同食物有其不同的食用方法,知道只有正确食用,才有利于健康。
2. 能用较连贯的语言表达画面内容。
3. 感受绘本的幽默夸张。

活动准备

课件PPT、香瓜子、西瓜块、豌豆、桔子或者橙子多份

---

* 李瑾伦著:《子儿吐吐》,明天出版社,2013。

活动过程

一、阅读故事,理解情节

(一)爱吃木瓜的小猪

1. 介绍胖脸

——今天我来给你们介绍一位朋友,他是一只可爱的小猪,他的名字叫胖脸。找一找,哪一位是胖脸,为什么你认为它就是胖脸?

——胖脸喜欢吃水果,尤其喜欢吃木瓜,看看木瓜是什么形状、什么颜色的?切开来的瓜里面又是怎么样的?

过渡:胖脸儿平时吃木瓜又多又快,它最喜欢说的一句话就是"吃吧,吃吧,快吃吧!"

2. 子儿不见了

——你发现胖脸吃木瓜和别的小猪吃木瓜有什么不一样?(它的桌面上怎么没一点瓜子呢?)

——胖脸吃得太快,把木瓜子都吞到肚子里。

(二)小猪担心吞子长树

1. 胖脸的担忧

教师讲述:开始,胖脸认为吞一些没关系,没想到其他的小猪们七嘴八舌地议论起来。有的说,"快去医院!"有的说,"子吃进肚子要开刀吗?会死吗?"还有的说,"木瓜子埋到土里会发芽长,那子吞进肚里,就像埋到土里也会发芽长树的。"

2. 胖脸哭泣

——"啊?会长树?"胖脸儿怎么了?为什么大哭起来?

过渡:胖脸吓得脸都发白了,一屁股在地上,想象着自己头上长树的样子,就哭了起来。

(三)胖脸的噩梦

——晚上胖脸躺在床上翻来覆去,好不容易才睡着了。不一会儿,它开始做梦了。让我们一起去看一看,胖脸到底梦见了什么?

教师讲述:原来,胖脸梦见自己头上长出一棵高高的木瓜树。走在路上被风一吹,树歪歪斜斜。朋友们都笑话它。"头上长树真有趣!我们可以在你的树底下乘凉了。""我们还可以爬上你头上的树,多威风啊!"大家都想爬上树去,太吓人了!胖脸哇哇大叫起来,被自己的梦惊醒了。

——看!胖脸醒来在干什么?

——早晨,胖脸的肚子咕噜噜发胀,它上厕所大便。当它准备冲水时,发现了什么?木瓜子随着大便拉了出来,这下,胖脸笑了。不再担心了。

(四)子儿吐吐

——以后小猪吃东西,应该怎么办,你们有什么话要劝告胖脸吗?

63

教案篇

小结

吃木瓜,子儿要吐出来或者吃之前把子去掉。

二、品尝食物,了解不同食用方法

1. 讨论:哪些食物不可以全部吃下去

——胖脸给我们讲了它的故事,那你们知道还有哪些食物是不可以全部吃下去的呢?

2. 出示不同的食物(香瓜子、西瓜块、豌豆、桔子或者橙子)

——你们知道这些食物可以怎么吃吗?

3. 幼儿尝试吃不同的食物(过程中问问幼儿)

——去除的是食物的什么部分,吃到了什么部分?

小结

不同食物有不同吃的方法,只有吃对了,才会让我们的身体更棒!

教学解析

从教材的解读上来看,中班的孩子对细嚼慢咽的意思是完全能够理解的。活动过程中可以将此作为次重点来解决,整个活动的重难点就是观察和想象小猪吞子后的心理反应。

但对中班的幼儿来说,在以前接触过的活动中,很少有对人物心理方面的揣摩,而中班以后就要开始尝试理解别人的想法,这有一定的难度,因而教师的引导就显得很重要,例如:胖脸为什么要哭?如果幼儿说不出来可以进一步引导幼儿观察旁边的云形图标,"云里面的是什么?""是胖脸想的事"。从观察图片、理解图片到猜测心理活动,这样的引导从短期来看是对此次活动的作用,长期来看对幼儿理解他人的心理和感受具有重要的意义。

整个活动中老师要注意能够倾听孩子的话,从而了解幼儿对哪些是理解的,对哪些是不理解的。从幼儿的反应来随机地调整提问,比较可行的方法是在活动中引导幼儿进入情境与情境中的小猪对话。

活动的结束部分让幼儿说说如何细嚼慢咽和如何吐子,在培养幼儿语言能力的同时,让幼儿能够亲自动手操作一下。吃吃说说,吃完再讨论一下,这样的实践方式更能让幼儿通过亲身的体验来进一步理解,对"细嚼慢咽"不仅仅从字面上去理解,而是有切身感受,对养成幼儿"细嚼慢咽"的健康饮食习惯更有益。教师选择的食物一定要是吐子的食物(除了香瓜子、西瓜块、豌豆、桔子、橙子等,当然可以不局限在这些里面,还可以拓展)。

附 故 事

子 儿 吐 吐

每一次，不管胖脸儿站在哪里，他都是第一只被认出来的猪。因为，他的脸——胖的比谁都胖！

胖脸儿平常很安静，最爱说的一句话就是："吃吧吃吧！"

他吃起东西来，总是又快又多。

"吃吧吃吧！"胖脸儿今天又是第一只吃完木瓜的猪。第一个吃完，没什么好奇怪的，奇怪的是，他桌上竟然没有半粒吐出来的子儿。

"子儿呢？"其他的猪问他。

"什么子儿？我都没有看到什么子儿呀！"胖脸儿说。他把木瓜吃的一干二净，桌上什么也没留下。

"就算有子儿，吞下几粒又有什么大不了的呢？"胖脸儿想。

没想到大家都紧张了起来。他们说，"胖脸儿，胖脸儿"、"吃子儿，吃子儿"、"那怎么办，那怎么办？"

"真的吗？真的吗？""不会吧……""会长树？""要送医院的吧！""会不会死啊！子儿埋到土里会发芽，那么，把子儿吞进肚子里和埋到土里当然也一样啰！大家认为这应该是最正确的答案了。"长树？"胖脸儿听得脸都发白了。他一屁股坐在地上，想象着自己头上长树的样子，然后，他抽抽搭搭的哭了起来。

晚上胖脸睡觉了，它翻来覆去睡不着，后来好不容易睡着了，胖脸开始做梦，它梦见自己的头上真的长了一棵树。

早上，坐在马桶上的胖脸，一心还是想着木瓜树的事。他忍不住自言自语地安慰自己："说不定明天才长啊，也没听谁说过一天就能长树的！"

"哎哟！"胖脸儿大叫："我的木瓜子怎么都在便便里呢？"

胖脸儿觉得，那些黑黑小圆粒儿看起来还真好笑。

教案篇

会动的房子

明日之星幼儿园　詹卓妍

设计思路

房子怎么会动？带着好奇翻开绘本《会动的房子》*，会发现小松鼠造在地面上的房子竟然会在它不知不觉时跑到山脚、跑到大海，这是怎么回事儿呢？有趣的故事情节，带有悬念的情节线索能引发幼儿的大胆联想和猜测。

于是，紧紧围绕着故事线索——会动，先以多媒体课件的形式进行集体阅读，让幼儿观察房子所到之处的场景，想象小松鼠发现房子会动后的心理变化，然后运用小图书阅读，帮助幼儿在自主阅读中发现答案。

活动设计

活动目标

1. 观察画面背景的变化，理解小松鼠的房子会动的真正原因，感受会动的房子带来的惊喜。
2. 能根据画面想象角色的心理变化，并能用较完整的语言表达。

活动准备

课件PPT、小图书

一、小松鼠想造房子

1. （出示小松鼠）

——今天老师给你们带来一个有趣的故事叫《会动的房子》，我们一起来请出故事中的主人

---

* 冰波著，黄缨图：《冰波童话：会动的房子》，教育科学出版社，2008。

翁——小松鼠。

2.（出示住在树上的小松鼠）

——小松鼠平时住在哪里呢？

——有一天，它在树上一边吃着松果，一边心里嘀咕着：（画外音）哎，我天天住在树上，真没劲，我好想在地上造一幢房子呀。

——瞧，小松鼠想要造一幢什么样的房子呀？（观察云记号）

小　结

他想要一幢造在地面上的，有屋顶、窗，还有门的房子，这样的房子住起来肯定很舒服吧。

二、小松鼠造房子

1.观察小松鼠怎么造房子的画面

——于是，说干就干，小松鼠来到了山脚下的花草丛中，它想把房子造在一块坚固的大石头上。瞧，小松鼠是怎么造房子的呢？

小　结

小松鼠锯木头、搬木板、爬梯子，一次又一次，从早到晚忙到晚，忙得满头大汗，终于把房子造好了，让我们一起恭喜恭喜小松鼠吧。

2.观察小松鼠已经造好的房子

——新房子造好了，看看房子周围都有些什么呀？

小　结

是啊，房子周围有花有草，新房子造在了一个环境优美的山脚下。到了晚上，小松鼠在新房子里美美地睡着了。

三、小松鼠发现房子会动

1.房子跑到了山顶上

——第二天早上，小松鼠醒来看了看自己造的新房子，怎么了啊？发生了什么奇怪的事情啊？

——房子跑到山顶上去了（咦？它本来把房子造在哪里的呢？）

（画外音：奇怪了，我明明把房子造在山脚下的，怎么跑到山顶上来了呢？）

> **小 结**
>
> 小松鼠造的房子不仅漂亮，而且还会动呢，这太神奇了。

  2. 在山顶上也挺好

  ——新房子怎么会跑到山顶上来的呢？

  过渡：好吧，房子跑到山顶上来那就在山顶上吧，反正山顶上的风景也不错，住在这里也挺好。于是，晚上，小松鼠又在新房子里安安稳稳地睡觉了。

四、会动的房子带来的惊喜

  过渡：到了第三天，又会发生什么意想不到的事情呢？新房子还会给小松鼠带来什么惊喜呢？答案就藏在这本小图书里。

  1. 幼儿自主阅读小图书

  2. 一起分享交流

  ——小松鼠一觉醒来发生了什么事情呢？

  ——啊？到海里去啦？有这样的事情的啊？还真的到海里去啦？在第几页？

  ——小松鼠为什么哭呀？

> **小 结**
>
> 小松鼠一觉醒来发现自己造的新房子怎么跑到了大海里了呢，她害怕极了，大哭道："啊，这可怎么办呀，我可不会游泳啊！"

  ——大乌龟会怎么安慰小松鼠呢？

  过渡：正当小松鼠害怕大哭的时候，惊动了大乌龟，大乌龟探出头来安慰它："小松鼠，你别怕，是我，你在我背上呢！"

> **小 结**
>
> 原来小松鼠的房子造在了大乌龟的背上，是乌龟带着小松鼠到处走呢。

  3. 想象大乌龟和小松鼠的旅行

  ——大乌龟还会背着小松鼠去哪呢？

小结

大乌龟说,"你们刚才说的地方我都会走一遍。"

教学解析

为了让幼儿更好地融入故事情境中,环节的设计都是按照故事情节来展开的。总体来看,活动中的亮点如下:

一、活动重点突出,各环节重点提问清晰

活动重点突出,具体表现在每一个环节中:第一环节中的重点就是突出小松鼠想造房子的迫切心情;第二环节的重点则是突出小松鼠造房子的辛苦;第三环节的重点则是突出小松鼠发现房子会动的惊讶之情;第四环节的重点则是突出会动的房子带来的惊喜。此外,各个环节的重点提问也相当清晰,小结也很到位。

二、PPT的动态效果能直接有效地将幼儿带入到故事情境之中

活动在PPT的设计上花了一定的心思,比如:小松鼠造房子的画面。之前设计的是静态的画面,由于幼儿对造房子缺乏生活经验,所以孩子们对于"小松鼠是怎么造房子"的这个问题回答不上来。于是,为了让幼儿更快地进入到"造房子"的情境中,将原本静态的画面设计成了动态的画面,将小松鼠一遍又一遍"搬木块——爬梯子——盖屋顶"的画面设计成动态之后,孩子们一下子进入到了小松鼠辛辛苦苦造房子的情境之中。同时,还插入了锯子锯木板的声音,幼儿一听到这个声音,就知道造房子还得用到锯子。在丰富幼儿经验的同时,又增强了活动的趣味。如此一来,使得原本没有造房子的生活经验的孩子,看到小松鼠造房子的动态画面,都能完整地表达出小松鼠是怎样造房子的。又如,在最后,小乌龟回过头来跟小松鼠说:"小松鼠,别害怕,你在我背上呢。"在这幅画中,我也将小乌龟的设计成了动态转身点头的画面。如此一来,增添了画面的趣味性,激发了幼儿的活动兴趣。

三、画外音的有效插入为目标达成搭好"支架"

活动中,插入了较多的画外音。之所以这样设计,是有考虑的,不是为了单纯地插入画外音而插入的。活动中的目标有这样的要求——"能根据画面想象角色的心里变化并能用较完整的语言表达。"其实,根据画面想象角色的心理变化,是有一定难度的,如果当幼儿通过单纯地观察画面无法想象角色的心理变化时,那么教师应该适时地"搭支架",而在本次活动中的处理方式是

教案篇

"画外音"。从本次活动的效果来看,"画外音"是起到很好的推动作用。

活动中不少画外音都是小松鼠的心理活动,比如:小松鼠想造房子的画面,插入的画外音就是:"哎,我天天住在树上,真无聊,我好像在地上造一幢房子呀。"目的就是为了让幼儿感受到小松鼠想造房子的迫切心理。又比如:小松鼠,看到房子跑到山顶上的画面,画面中所表现的是小松鼠奇怪的表情,插入的画外音是:"咦,奇怪了?"如果现场幼儿能根据画面,准确地猜测出小松鼠的心理变化,那么这个画外音就不用播放了。反之,当幼儿通过画面的观察,想象不出小松鼠的心理变化时,那么就需要播放"画外音"来搭支架,从而让幼儿想象出小松鼠的心理变化。诸如此类的画外音,在本次活动中运用了很多,目的就是为了能更好地达成目标。

另外,活动中除了师生互动还有生生互动,在重点观察的画面——"小松鼠发现原来自己在小乌龟的背上",可以让幼儿扮演了小松鼠及小乌龟,学说故事中的对话,个别幼儿还把小乌龟的语音、语调都模仿得惟妙惟肖。

附故事

会动的房子

小松鼠在树上住腻了,于是决定在树下的草地上重新建一座房子。

在大树底下的草地上,小松鼠发现了一块大石头,小松鼠想:"嘿,就在这上面造一座房子!"小松鼠锯木头,运木头,爬上爬下,房子终于造好了。忙了一天的小松鼠也累了,这时月亮出来了,星星也眨着眼睛,小松鼠在新家里舒舒服服地睡觉了。

第二天早上,传来了"呼呼呼"的声音,小松鼠被吵醒了。推开门一看,呀!自己在美丽的山上,小风吹奏起动听的山歌。真奇怪,昨天还在树下草地上,今天却来到了山沟下。可小松鼠又一想:没关系,山上也挺好的,有动听的山歌作伴,还能看到美丽的白云和彩虹。到了晚上,小松鼠又在自己的新房子里舒舒服服地睡觉了。

第三天早上,又传来"哗哗哗"的声音。小松鼠推开窗一看,吓得大哭起来:"我的房子怎么会到大海里来了?"小松鼠害怕极了,这时候它听到一个声音,"别怕别怕,小松鼠,你在我的背上呢"。小松鼠一看原来是乌龟爷爷呢,那硬硬的大石头竟然是乌龟的背。小松鼠惭愧得脸都红了,赶紧说:"乌龟爷爷,您累坏了吧?"乌龟说:"不,这下我们俩可以作伴了。"

乌龟爷爷带着小松鼠到处去玩了。

活动 2-3

打瞌睡的房子

童乐幼儿园　顾莉玲

设计思路

　　绘本《打瞌睡的房子》*讲述的是一个昏昏沉沉的雨天,一屋子的人全都那么睡着,可碰巧有一只不打瞌睡的跳蚤,引发了一段有关"打瞌睡的房子"的故事。故事画面生动有趣,耐人寻味,尤其是前后动静画面的明显对比,有着强烈的视觉感。而其中的细节,又是那么值得孩子去细细体会。

　　中班孩子的观察能力还存在一定的无序特点,对画面的观察既敏感又零散。在本次活动中,需要幼儿对画面人物的状态和变化进行一定的解读,从而理解其中发生的变化。同时,中班孩子又充满想象,画面中的每个小小提示,也许都会带给孩子一些想象的因素,而想象后的验证,又能让孩子们在期待和惊喜中,进行到最后一刻。因此,在中班开展本次阅读活动,是有一定挑战的。

　　在演绎手法上,以多媒体与小图书阅读结合的方式进行。多媒体的运用,能够激发孩子的感官,对其中的细节感兴趣,又能创设情境,引发孩子大胆想象。运用小图书进行自主阅读,是鼓励孩子带着问题去寻找答案,验证自己的想象,是孩子自我挑战、自我验证的过程。

活动设计

活动目标

1. 观察房屋内的朋友们从打瞌睡到醒来后的画面,感受动静变化的有趣。
2. 猜测故事情节的发展,并用较连贯的语言表达所想象、猜测的内容。

活动准备

课件PPT、大图书、小图书等

---

* [美]奥黛莉·伍德著,唐·伍德图:《打瞌睡的房子》,柯倩华译,明天出版社,2009。

活动过程

一、导入点题,引入情境

1.(出示故事封面)了解"打瞌睡"

——今天我带来一个有趣的故事——《打瞌睡的房子》。

——什么叫打瞌睡?见过谁打瞌睡?

——见过打瞌睡的房子吗?(出示图1)

——这幢房子有些什么不一样的地方?

过渡:到底你们猜得对不对呢?让我们一起往下看。

2.播放音乐,讲述故事开头部分

二、观察理解,猜测想象

1.出示图2

——仔细找一找,屋子里谁睡着了?(自由观察和讲述)

——打瞌睡的房子里,每个人都在睡觉。就连桌子、椅子、窗帘都睡着了。这间静悄悄的屋子,会有什么变化吗?

2.出示图3

——刚才睡着的男孩,起来要去干什么呢?

3.出示图4

——这会儿男孩怎么睡的?睡在老奶奶身上舒服吗?

过渡:接下来,又会发生什么有趣的变化呢?我们继续往下看。

4.连续阅读后三幅图片

——这间静悄悄的屋子里,发生了什么变化?

——他们是怎么睡的?

——大家睡在一起的感觉会怎样呢?(大家都睡在了一起,是叠在一起的)

过渡:打瞌睡的房子里,每个人都睡着,不过还有一个小不点没睡,瞧,它来了。

5.PPT演示跳蚤的动态

——会咬人的跳蚤在打瞌睡的房子里,会发生什么事?

过渡:我们一起来听听!(音乐)

——究竟发生了什么事?答案就在书里,我们一起去书里看看吧!

三、自主阅读,理解情节

1. 幼儿自主翻阅图书
2. 分享交流

——你看到,接着发生了什么变化?

——大伙儿怎么都醒了呢?

——他们醒过来是什么样的?

(欣赏多媒体片段)

——谁愿意学学他们醒过来的、滑稽的样子?

四、总结欣赏,引出后话

——现在,打瞌睡的房子里没有人在睡觉,大家都来到了花园里,迎着明亮的阳光,会做些什么呢?(放音乐)

——那么,刚才那只跳蚤去哪儿了呢?它什么时候来到房子里的呢?我们下次一起来讲讲这只跳蚤的故事吧……

教学解析

在图书角里,我发现了绘本《打瞌睡的房子》,这是一个十分有趣的故事。房间里的人和动物一个一个地叠到了一起,却又突然一个一个被惊醒……这到底是怎么回事?这些带给孩子许多悬念的情节线索能有效引发孩子们大胆联想,能使孩子在看看、想想、说说中发展思维和语言表达能力。

一、处理教材,拓展孩子的思维空间

《打瞌睡的房子》情节很有趣但语言非常简单,一张图一段话,在重复的基础上逐渐加长。对人物的心理活动,对话基本没有描述,对孩子来说挑战性不够。考虑到选择阅读活动的孩子,对阅读有一定兴趣,并且有一定的理解和想象能力。所以,我将故事内容稍加补充,主要增加一些细节观察和人物心理,如:打瞌睡的房子里谁睡着了?小男孩为什么会突然站起来?和奶奶睡在一起的感觉怎样?这么多朋友睡在一起,是什么感觉呢?这样的一系列问题,给孩子一定的挑战性和思考想象的空间,也让故事更完整、理解更透切。从执教情况看,这样处理较好,虽增加了难度,但经引导后孩子们还是能够想象、理解,有利于拓宽孩子的思维。

二、抓住重点,帮助孩子更好地理解故事

绘本的原著一共有十四张图片,在演绎时,我选择了四张图片作为重点解读,分别在感受氛

围、观察细节、想象表达上进行演绎。这些为课堂奠定了一个安静又趣味的氛围,并运用体验法,一起模仿图中人物进行演绎,令孩子们充分感受到了绘本中的氛围。同时,我也比较注重幼儿的表达表现,关注幼儿的发言,并"由此及彼",以保持更多兴趣来观察后面的图片。小跳蚤的出场,也有别于传统的活动,运用了音乐欣赏的方式,引导孩子想象,猜测"会咬人的跳蚤在打瞌睡的房子里,会发生什么",以此启发孩子的充分想象。活动下来,孩子们对故事的理解比较透彻,了解了打瞌睡的房子里的变化,感受到了故事的趣味性,体验到了阅读的快乐。

三、把握节奏,有效调动幼儿的参与兴趣

活动的节奏要把握好,在半小时左右的时间里,有详有略,有讨论有阅读,通过一系列问题的引导,使打瞌睡的房子里的动静变化呈现在幼儿眼前。人物的动态虽然有些难琢磨,但通过现场体验,有效调动了孩子的兴趣,不仅对情节有了感性、生动的理解,在过程中更感受到了阅读的乐趣,提高了孩子的理解能力。多媒体课件的运用,让孩子观察得更清楚,有利于他们猜测、想象,促进思维发展,激发阅读兴趣。

附 故 事

打瞌睡的房子

有一栋房子——瞌睡的房子,房子里每个人都在睡觉。

在那栋房子里,有一张床,温暖的床。在打瞌睡的房子里,房子里每个人都在睡觉。

那张床上有一位老奶奶,打鼾的老奶奶,在温暖的床上,床在打瞌睡的房子里,房子里每个人都在睡觉。

那位老奶奶身上有一个小孩,做梦的小孩,在打鼾的老奶奶身上,老奶奶在温暖的床上,床在打瞌睡的房子里,房子里每个人都在睡觉。

那个小孩身上有一只狗,昏昏欲睡的狗,在做梦的小孩身上,小孩在打鼾的老奶奶身上,老奶奶在温暖的床上,床在打瞌睡的房子里,房子里每个人都在睡觉。

那只狗身上,有一只猫,打盹的猫,在昏昏欲睡的狗身上,狗在做梦的小孩身上,小孩在打鼾的老奶奶身上,老奶奶在温暖的床上,床在打瞌睡的房子里,房子里每个人都在睡觉。

那只猫身上,有一只老鼠,呼呼大睡的老鼠,在打盹的猫身上,猫在昏昏欲睡的狗身上,狗在做梦的小孩身上,小孩在打鼾的老奶奶身上,老奶奶在温暖的床上,床在打瞌睡的房子里,房子里每个人都在睡觉。

在那只老鼠身上,有一只跳蚤,可能吗?不睡觉的跳蚤,在呼呼大睡的老鼠身上,老鼠在打盹的猫身上,猫在昏昏欲睡的狗身上,狗在做梦的小孩身上,小孩在打鼾的老奶奶

身上,老奶奶在温暖的床上,床在打瞌睡的房子里,房子里每个人都在睡觉。

　　不睡觉的跳蚤,咬了老鼠一口,

　　老鼠吓了猫一跳,

　　猫抓了狗一把,

　　狗踢了小孩一脚,

　　小孩撞了老奶奶一下,

　　老奶奶把床压垮了。

　　现在,打瞌睡的房子里没有人在睡觉。

活动 2-4　　**被澡盆卡住的熊**

虹桥中心幼儿园　金晔

设计思路

中班的孩子对于自己的身体变化开始有了一些初浅的认识。比如,会发现自己许多漂亮的衣服变小、裤子变短、鞋子穿不下了等。可是孩子们往往对这些又爱不释手,舍不得丢弃。《被澡盆卡住的熊》*是一个趣味十足的绘本,适合中班的主题活动——"我长大了",也符合中班幼儿的年龄特点。故事中"小熊"这一可爱的角色就是许多孩子的真实写照,机智、幽默的小河马的出现又使绘本的内容更丰满,情节更生动。

这一则绘本画面清晰,人物简单、符号明确,情节生动,便于中班幼儿观察、理解。在阅读活动过程中,可以让幼儿通过阅读感受到自己和小熊一样眷恋小时候的事物,但也懂得自己正在一天天长大,需要去接受和适应更多新的事物,这样才会让自己的成长变得更加有意义。

在活动设计中,我采用观看多媒体大图书的形式,使幼儿集体阅读、欣赏讨论整个绘本内容。此外,重点引导幼儿在看看、讲讲的过程中去感知、理解小熊长大了,因为澡盆坐不下了而发生的一系列趣事。由此,让幼儿结合自身的成长经历与小熊被澡盆卡住的故事情节产生共鸣,即主要通过开放和有效的提问让幼儿有目的地观察、理解故事情节并感知小熊长大了。

我对原来故事的内容、形象都做了调整。第一幅图片:澡盆大,小熊小;第二幅图片:澡盆小,小熊大;第三幅图片:两幅并一幅,添加图画符号,小熊不去池塘里洗澡,是怕被小鱼挠痒痒。整个活动以"小熊"与"澡盆"的关系展开,引发幼儿体验成长的奇妙和喜悦!

活动设计

活动目标

1. 观察画面,理解小熊被澡盆卡住后发生的故事情节,体验成长的快乐。

---

* 张秋生著:《被澡盆卡住的熊》,南京大学出版社,2011。

2. 能用语言和肢体语言表达表现河马帮助小熊的故事内容。

活动准备

大图书、课件PPT、头饰、小脸盆

活动过程

一、谈话导入

1.（播放PPT1——空白页）

——老师知道你们都是爱清洁、讲卫生的孩子,都喜欢洗澡,你们喜欢在哪洗澡呀?（幼儿结合生活经验讲述）

小结

老师知道你们都喜欢在大而美丽的浴缸、浴室里洗澡,洗完澡身体变干净了,感觉很舒服,能使我们快快地长大。

2.（播放PPT2——小熊）

——这位朋友,是谁呀?你们知道小熊喜欢在什么地方洗澡呀?（幼儿讲述）

二、阅读图书内容

1. 阅读第一、二幅内容

（播放PPT3——澡盆）

——小熊喜欢在哪洗澡呀?这个用木头做成的叫澡盆,它有什么用?（巩固对澡盆含义的认识）

——小熊很喜欢这只小澡盆,天天用它来洗澡,一边洗一边还快乐地唱歌呢。听——（快乐音乐）

（引导幼儿扮演小熊跟着音乐《我爱洗澡》一起快乐、自由地洗澡）

——一天天过去,小熊怎么了?小澡盆又怎么了?（播放PPT4——动态小熊慢慢长大）

——小熊一天一天在长大,而小澡盆还是那么小,你们有什么办法吗?

小结

对于孩子回答的内容加以提炼。

2. 阅读第三、四幅内容

（播放PPT5——小河马邀请小熊洗澡）

——小河马路过小熊的家,看见小熊在小小的澡盆里洗澡,小河马说（播放画外音）,"小熊你的澡盆太小了,我带你去一个好地方去洗澡。"

——小河马邀请小熊到哪儿去洗澡？你是从哪里看出来的？

（播放PPT6——小熊不愿意去洗澡）

——小熊会在想什么？它愿意去池塘洗澡吗？（提醒幼儿较完整地讲述自己的理由。）

——我们来听听小熊是怎么想的？（播放PPT4的画外音：我害怕,池塘里有小鱼,它们在我身边游来游去,会钻进我的胳肢窝,我最怕痒痒了,不去池塘洗澡。）

3. 重点阅读第五、六、七、八幅内容

——小熊继续在它心爱的小澡盆里洗澡,咦,怎么回事呀？（播放PPT7——小熊的哭声）

——小熊为什么哭呀？它的身体怎么了？小熊的身体卡在澡盆里了,不管小熊怎么使劲也出不来,急得小熊"哇哇大哭"起来。

——小河马听见小熊的哭声,它会想什么办法帮助小熊？（幼儿自由讲述）

（播放PPT8——一只小河马在想办法）

——我们来看看小河马它用了哪些办法来帮助小熊的？看的时候可要仔细点,等会儿请你和老师一起来表演。

（引导幼儿一起仔细阅读大图书第六、七、八幅图片。）

——小河马用了哪些办法解救小熊的？你说的是哪一幅？请你找出来。（将幼儿说到的相关画面运用超链接的方式呈现在PPT上,播放PPT9、PPT10、PPT11,让其他幼儿一起阅读。）

（教师或幼儿扮演小河马,让一个幼儿坐进小脸盆里,模仿"拉"、"掀"等动作来感知小河马解救就小熊的过程。）

——最后,小河马用了什么办法？小河马手里拿的是什么？这么有威力！胡椒粉是用来干什么的？闻过胡椒粉以后会怎样？

——小熊闻到胡椒粉后打了一个响亮而又力大无比的喷嚏,把小澡盆给震得碎片乱飞,小熊终于得救了。它也明白了自己真的长大了,不能再继续在澡盆里洗澡。可是,它望着心爱的小澡盆,心想：小澡盆坏了,以后我到哪儿去洗澡呀？

（播放PPT12——小河马带小熊去洗澡）

小河马真聪明,它看见小熊失去小澡盆很难过,就安慰它："小熊,你跟我来,我们一起到池塘去洗澡吧！"小熊跟着小河马来到了池塘旁边,"扑通"跳了下去,"哇,这个池塘可真是个大澡盆呀,我可不怕长大没澡盆洗澡咯！"两个好朋友高高兴兴地唱着歌、洗起澡！

（播放PPT12音乐《我爱洗澡》）幼儿跟着音乐一起洗澡。

三、完整欣赏故事《被澡盆卡住的熊》

——洗好澡了,这个故事的名字叫《被澡盆卡住的熊》。让我们一起从头到尾来欣赏这个有趣的故事吧！

教学解析

中班幼儿的阅读理解能力差异比较明显，在阅读活动时候不妨采用多媒体大图书集体阅读的形式来组织活动。幼儿在共同阅读画面、解读人物心理、解决困难疑惑的过程中也是一种互动与学习的良好形式。本次活动，适合在中班主题——《我长大了》下开展。

开场由话题"洗澡"中导入情景。幼儿对洗澡的经验可谓十足，尤其当问及幼儿：你在哪里洗澡？洗完澡会有什么感觉等等，还是非常有话可说的，幼儿纷纷表示洗澡是有趣的，也表示勤洗澡是个讲卫生的好习惯。

阅读多媒体大图书后，幼儿通过观察澡盆和小熊小时候的图片，再到动态的小熊渐渐长大的效果图片，大多数幼儿能够觉察到小熊慢慢长大了，原先的小澡盆已经坐不下了。但是，问题也随即出现，有少数幼儿则认为是澡盆在变小。对于这个矛盾，教师当场与幼儿再次展开阅读与讨论，并提示幼儿仔细观察到底是澡盆小了？还是小熊变大了？结果经过教师的引导和提示，幼儿一致认为是小熊长大了，澡盆还是原来的那个。

接下来小河马出场了，他给了小熊换到大池塘里洗澡的建议，起先小熊还是因为各种害怕再加上不舍得自己的小澡盆而拒绝了小河马的邀请。此处是突出阅读元素的一个重要环节。教师创设了一些针对阅读元素的开放式提问，如：小熊会在想什么？它愿意去池塘洗澡吗？（提醒幼儿较完整地讲述自己的理由。）我们来听听小熊是怎么想的？（播放PPT4的画外音：我害怕，池塘里有小鱼，它们在我身边游来游去，会钻进我的胳肢窝，我最怕痒痒了，不去池塘洗澡。这个处理提问开放、情境性强，适合中班幼儿阅读想象，便于理解。活动中，幼儿确实能够仔细观察云记号，来大胆想象和猜测小熊的心理动态和小河马的话。后面的高潮部分，从小熊被澡盆卡住后到被小河马发现，他们想了一系列的解救小熊的办法，这个过程是一个活动的高潮，教师要充分激活幼儿去大胆想象解救小熊的各种办法，同时去体验"拉"、"掀"等动作都拯救失败后的焦急无奈之情。这样，能够帮助幼儿更好地融入故事情节，感受到被澡盆卡住的小熊焦虑心情。当孩子们沉浸在紧张的气氛中的时候，"胡椒粉"上场，通过一个小小的喷嚏，居然戏剧性地把小熊解救出来，这样的一个情节让孩子们哈哈大笑，在一片欢声笑语的轻松氛围中让孩子们接受了长大这个现实。

这则绘本，形象、生动、有趣，符合中班幼儿的特点。但是，胡椒粉的生活经验离幼儿还是比较遥远，可以当场拿出胡椒粉实物，让幼儿初步认知一下胡椒粉的效果，那么可以让幼儿在解读中更透彻地认识到，胡椒粉让小熊打喷嚏，喷嚏一用力解救了小熊。

如果在最后完整欣赏故事的环节中，教师使用大图书阅读的形式，可以更清晰地让幼儿去认识这个故事的出处，便于幼儿在阅读区域中进行选择性的学习。

附故事

被澡盆卡住的熊

小熊非常喜欢他的小澡盆,天天用它洗澡。小熊一天天长大了。

小河马邀请小熊到河里去洗澡。小熊不愿意,他害怕小鱼、小虾会钻进他的胳肢窝。

有一天,小熊在洗澡的时候被澡盆卡住了,怎么也出不来。嘿呀,嘿呀,小河马拉不出小熊。

小河马把澡盆翻个身,用力掀也没有把澡盆掀下来。

小河马拿来胡椒粉抹在小熊鼻子上。小熊打了个大喷嚏,啊嚏、啊嚏,终于自由了。

小熊跟着小河马到河里洗澡。小熊说:"这儿真是一个大澡盆。"

活动 2-5　和甘伯伯去兜风

陈伯吹实验幼儿园　任晓琼

设计思路

《和甘伯伯去兜风》*是一本有趣的绘本,作品向我们展现了一次有意思的出游,甘伯伯和朋友们在兜风过程中共同解决陷在烂泥中的汽车并使之又能前行的快乐过程。活动让幼儿在故事中感受遇到困难时要齐心协力共同解决的快乐。故事情节有趣,活动中幼儿可以尝试简单的故事表演。

本次活动分为三个环节,第一环节的导入部分让幼儿对于故事名字和故事中的人物有所了解,并知道"兜风"的意思。第二环节是本次活动的重点部分,幼儿在看看、听听、讲讲、演演的过程中,理解故事内容。在本环节中运用音效,让幼儿去倾听,猜想故事发展的情节,在理解故事的基础上,尝试表演故事中的片段。基于幼儿表演故事还不够成熟,活动中我们分段表演,有利于增强幼儿的自信。第三环节的游戏,让幼儿感受大家齐心协力解决困难的快乐。

活动设计

活动目标

1. 分段听赏,了解甘伯伯兜风时遇到的各种经历,知道大家齐心协力就能解决困难。
2. 尝试用较完整的语言说说故事内容。
3. 体验表演故事的乐趣。

活动准备

课件PPT、道具游戏箱、黑板、动物图片挂饰

---

* [英]约翰·伯宁罕著:《和甘伯伯去兜风》,林良译,河北教育出版社,2011。

活动过程

一、导入活动,引起兴趣

（1）提问：什么叫兜风？

过渡语：听了你们的话，甘伯伯一定越发想要去兜风了，因为兜风会让人拥有好心情。想到这，他立刻登上了他的红色敞篷跑车出发了。故事也就开始了。

二、分段欣赏,理解故事

（一）欣赏故事第一部分——出游

——小动物们是怎么对甘伯伯说的？甘伯伯怎么回答的呢？（说说小动物和甘伯伯的对话）

——甘伯伯去兜风的路上都遇到了哪些朋友？

——你觉得甘伯伯是一个怎么样的人呀？

过渡语：是呀，难怪人人都喜欢甘伯伯。就这样，甘伯伯载着满满一车的朋友出发了。

（二）理解故事第二部分——遇险

1. 听故事：教师边播放多媒体课件边讲述故事

2. 理解故事：甘伯伯难过的心情

——甘伯伯请小动物帮忙，他们是怎么说的？小动物愿意帮助甘伯伯吗？

——甘伯伯听到了这些话心情怎么样？他在想什么？

过渡语：小动物们看见愁眉苦脸的甘伯伯，终于，山羊开口了："甘伯伯，不是我不愿意帮忙，我只是怕我太瘦，力气不够！"甘伯伯说："没关系，我们来试试看。"能推得动吗？朋友们，我们一起来试试看。

3. 体验情节：齐心协力去推车

（1）想办法把车推出土坑

——有什么好办法可以把车子从泥坑里弄出来呢？

（2）采访幼儿：你觉得开心吗？你想到了什么办法？你是怎么让车推车土坑的？

过渡语：是呀，就像你们说的，在困难面前，谁也无法逃避，大家一起齐心协力，就能取得成功。

（三）故事结尾,云开雾散

瞧，此刻又云开雾散了，太阳又出来了，甘伯伯开心地带着大家继续去兜风。在回家的路上，他还不忘和朋友们说："想要兜风，下次再来哦！"

教学解析

一直以来都很想提升我班孩子的团结精神、合作意识,可又不想靠教师单方面的"灌输"。我在看到《和甘伯伯去兜风》这本书时便眼前一亮,果断地决定尝试这个绘本。

第一次试教后,我调整了最后的游戏环节,并将它放入了故事中,并且用一个拥有车头和车轮都可以坐人的桌子来代替陷入泥坑的汽车,提供幼儿更真实的情境,以便他们更有效地想到合作的办法,体会人多力量大的道理。回去后我又梳理了一遍教案,把握游戏中的过渡环节,预设孩子们的回答以及我的回应,积极准备着下一次的展示活动。展示活动后,我对这节活动的脉络更加清晰了:

1. 如何有效凸显人物特征

在活动的一开始就可以为甘伯伯的热心、好热闹作铺垫,让幼儿理解当车子陷入泥坑中小动物谁也不愿意去帮忙时,甘伯伯的伤心、难过。

2. 教师如何自然地把情感融入于故事之中,让幼儿体会、理解

一节有趣的绘本活动,环节的把握很重要。在教学活动中,把阅读和提问相结合,有快有慢,在重要的环节要细细地讲,便于幼儿理解。并且通过观察法、游戏法、讨论法、演示法让幼儿渗透其中。

3. 怎样去诠释故事中的重点部分让其变得更加精彩生动

首先还是情感的铺垫,再通过环节的演绎,让幼儿感觉甘伯伯的大方热情到默默伤心,小动物们害怕、逃避到内疚难过。只有理解了他们当时的心情才能更好地表现出来。在游戏环节,利用一些有效的语言把游戏融合进去,再从一个幼儿到全体幼儿,激发他们的能力,通过集体的力量收获成功,享受喜悦。

在一次又一次的教学过程中,周围都是帮助、提点和鼓励着我的老师,在一次次的思维碰撞下也让我得到了成长,得到了锻炼。这不仅仅带给了我成功的喜悦,更多带给我的是"爱上课"这个大家庭的温暖,让我在这初秋中充满着暖意,有种被爱包围着的感觉!让我也感受了一把"人多力量大"的浓浓爱意。

附故事

和甘伯伯兜风

这是多么快乐的一天呀,甘伯伯哼着小曲,开着他的红色敞篷跑车一路往前飞奔着。当天路过一片小树林的时候,他遇到了一只山羊,山羊大声喊着:"甘伯伯,停一停,能带我一起去兜风吗?"甘伯伯笑着说:"好呀好呀,请你坐上我的车,和我一起去兜风。"开了一会儿,他们又遇见了一只公鸡,公鸡大声说:"甘伯伯,停一停,能带我一起去兜风吗?"甘伯伯笑着说:"好呀好呀,请你坐上我的车,和我们一起去兜风。"再往前开了一会儿,他们又遇见了一只兔子和一只胖嘟嘟的小猪。就这样,一车的朋友有说有笑,出发去兜风。

可是,汽车刚开了没多久,刚刚还好好的天气突然被乌云遮住了阳光,打起了响雷,不一会儿就下起了大雨。甘伯伯特别担心他的伙伴们,赶紧撑起雨篷,这样,小动物们就淋不到雨了。车子继续往前开着,就在这时,前面遇见了一个大大的泥坑,扑通一声,车子陷进泥里了。甘伯伯使劲发动着车子,可是车子还是一动不动。甘伯伯说,"下去推车吧!也许就能让车开出泥坑呢!"

可是小动物们谁也不愿意下车。山羊说:"我不行,我不行,我太瘦了,没力气。"公鸡说:"我不行,我不行,我太矮了,够不着。"兔子说:"我不行,我不行,我很美,怕弄脏。"小猪说:"我不行,我不行,我太胖了,不方便。"

甘伯伯听了这些话伤心极了!他是那么的无助、孤单,竟然没有一个小动物愿意帮助他,他是真的真的很难过。看着伤心的甘伯伯,山羊说:"甘伯伯,我愿意来帮忙。"在山羊的劝说下,其他的小动物们也纷纷内疚地下了车,一起推起了车来。

终于,在大家的齐心协力下,取得了成功。车子被推出泥坑的那一刻,所有的小动物都很开心。

瞧,此刻,云开雾散,太阳又出来了,甘伯伯开心地带着他们继续出发去兜风了。在回家的路上,他还不忘和朋友们说:"想要兜风,下次再来哦!"

活动 2-6

秋秋找妈妈

翔殷幼稚园　杜丽萍

设计思路

当翻阅《秋秋找妈妈》*这本绘本的时候,就不由自主地喜欢上了它,并为之感动。故事描述的是一只寻找母亲的小鸟——秋秋的特殊经历,讲述了特殊"母爱"的意义。绘本中的每一个画面都蕴藏着浓浓的情感,弥漫着温馨的气息。于是,在对这个绘本的设计中,我尝试着重抓住四幅画面:秋秋一个人时的"孤单"——寻找妈妈失败后的"伤心"——再次唤起渴望母爱的"期盼"——找到"妈妈"后的"幸福",以此来启发幼儿展开丰富的想象,感受主人公的情感。这个绘本的中心问题,即:熊太太带着秋秋回家,在家门口出来迎接的是小猪、小鳄和河马。我借助"问题板"的作用,巧妙迁移问题,创设机会引发孩子们提问,用孩子们看得懂的符号将他们提出的问题记录在黑板上,然后让孩子们看着问题来一一解答,既可激发孩子们提问的兴趣,又可将问题一一记录、呈现,以帮助孩子们记忆、梳理问题;同时也能帮助孩子更好地围绕着主题来提问。

活动设计

活动目标

1. 仔细观察画面情节,体验秋秋找妈妈的心情变化,感受母爱的温暖。
2. 能合理地猜测故事内容,并大胆表述自己的想法。

活动准备

课件PPT、汉字、图片若干、记录笔、记录纸等

---

* [美]庆子·凯萨兹著:《秋秋找妈妈》,范晓星译,贵州人民出版社,2007。

活动过程

一、导入

关键提问：这只小鸟怎么了？

小结：这是一只孤单的小鸟，名叫秋秋。秋秋好想有个妈妈！他开始出发寻找妈妈了。

二、阅读理解绘本

（一）错认妈妈

1. 关键提问：一路上他都遇到了谁呢？为什么秋秋会把他们当作自己的妈妈呢？

小结

秋秋无论走到哪里，总找不到跟他长得一样的妈妈。

2. 关键提问：秋秋心情是怎样的？

小结

秋秋只能伤心失望、垂头丧气地离开了。

（二）找到"好妈妈"

1. 关键提问：这次，小秋秋遇到了谁？他会怎么想呢？

小结

小秋秋知道熊太太一定不会是他的妈妈。因为熊太太长得跟他一点儿都不像。

2. 继续故事。

3. 关键提问：秋秋希望妈妈为他做什么呢？他在期盼什么呢？（教师在问题板上记录幼儿表达内容。）

小结

他期盼着熊太太和他一起唱唱跳跳，期盼熊太太能给他一个暖暖的拥抱、一个甜甜的亲吻。

4. 继续故事。

5. 关键提问：这是怎么回事呢？秋秋有些不明白，谁来帮他解答难题呢？

小结

噢！原来它们和秋秋一样，也是找不到妈妈的孩子。幸好他们遇上了好心的熊太太，收养了他们，还做了他们的妈妈。

6. 继续故事。

三、提升、感悟

关键提问：现在的秋秋是怎么想的呢？整个故事小秋秋心情是怎样变化的？为什么？

小结

整个故事中，小鸟秋秋的心情在不断地变化着，从孤单到伤心，再从期盼到幸福，相信每个朋友都会为秋秋找到妈妈感到高兴并祝福他！

7. 完整欣赏故事。

教学解析

活动的开始部分，教师的提问——"这只小鸟怎么了？"直导活动主题，让幼儿通过仔细观察小鸟的神情，了解小鸟的孤独与不高兴，为下面的活动做了很好的铺垫。

活动中"错认妈妈"环节，同大家熟悉的《小蝌蚪找妈妈》的故事情节相似，所以在此环节的推进中，教师将几幅画面组合，引导幼儿观察、分析这些动物的外形特征与秋秋的不同，从而较快地得出最后的结果：它们都不是秋秋的妈妈。

活动中"找到妈妈"环节，教师注重从秋秋的心理变化入手，帮助幼儿理解秋秋"寻找妈妈失败后的伤心"——"再次唤起渴望母爱的期盼"。教师将秋秋心中渴望的妈妈的样子及期盼"妈妈"为它做的事情的四幅画面组合，让幼儿充分沉浸在画面中，在恬静的音乐声中享受美好的回忆。而此时的提问——"秋秋希望妈妈为他做什么呢？他在期盼什么呢？"亦加强了幼儿对"母爱"的真切感受。

活动的转折部分即"熊太太带着秋秋回家，在家门口出来迎接的是小猪、小鳄和河马"的画面。这是让所有人感到惊讶和不解的。所以，此时教师是通过"问题板"来鼓励幼儿大胆提出心中的不解和困惑，教师用简单的符号或是图案来记录幼儿的问题。之后再一起来一个一个分析、解读问题。此举，是鼓励幼儿结合自己的生活经验大胆想象、合理推测。同时，也是将活动推向

教案篇

高潮,最后揭晓答案——"原来好心的熊太太收养了好多孤儿,成为了它们的新妈妈。"也让孩子理解并同时接受——"熊太太就是小鸟秋秋的妈妈!"

附故事

秋秋找妈妈

秋秋是一只小鸟,过着孤单的生活。他好想有一个妈妈,可是谁能做他的妈妈呢?有一天,他出发去找妈妈。

秋秋第一个遇到了长颈鹿太太。

"噢,长颈鹿太太!"他大声说,"你身上的黄颜色和我的一样!你是我的妈妈吗?"

"真对不起,"长颈鹿太太叹了一口气,"可是我不像你那样长着一对翅膀呀。"

接下来,秋秋遇到了企鹅太太。

"噢,企鹅太太!"他大声说,"你和我一样有翅膀!你是我的妈妈吗?"

"真对不起,"企鹅太太叹了一口气,"可是我不像你那样长着胖嘟嘟的脸蛋呀。"

后来,秋秋遇到了海象太太。

"噢,海象太太!"他大声说,"你和我一样有胖嘟嘟的脸蛋!你是我的妈妈吗?"

"哼,你看,"海象太太不耐烦地嘟囔着,"我可不像你那样长着有条纹的脚,别烦我啦!"

无论秋秋走到哪里,他都找不到一个跟自己一样的妈妈。

当秋秋看到正在摘苹果的熊太太的时候,他知道她一定不是他的妈妈,熊太太长得跟他一点都不像。

秋秋伤心极了,他开始哭起来:"妈妈,妈妈!我要一个妈妈!"

熊太太赶忙跑过来,想看看到底发生了什么事情。听了秋秋的故事,她叹了一口气:"噢,亲爱的,如果你有一个妈妈,她能为你做什么呢?"

"嗯,我肯定他会抱抱我。"秋秋抽泣着说。

"就像这样吗?"熊太太问。她把秋秋紧紧地搂在怀里。

"对……我肯定她还会亲我一下!"秋秋说。

"就像这样吗?"熊太太问。她把秋秋举起来,响响地亲了他一下。

"对……我肯定她会和我一起唱歌跳舞,让我开心!"秋秋说。

"就像这样吗?"熊太太问。于是他们在一起又唱又跳。

休息的时候,熊太太转过身来看着秋秋,她说:"秋秋,也许我可以做你的妈妈哦。"

"你?"秋秋叫起来。

"可是你的毛不是黄色的,你也没有长着像我这样的翅膀,胖嘟嘟的脸蛋和有条纹的脚!"

"我的天啊!"熊太太说,"那会让我看上去很好笑哦!"

秋秋也觉得那个样子很好笑。

"好吧,"熊太太说,"我的那些孩子在家等我呢,我们一起去吃苹果派好吗,秋秋?"

秋秋觉得苹果派听上去好馋人啊,于是他们就出发了。

他们刚走到熊太太家的门口,熊太太的孩子们就都跑出来迎接她了。

"秋秋,"熊太太说,"这是河马、小鄂和胖胖,我也是他们的妈妈呢!"

苹果派甜甜的香味和孩子们快乐的笑声洋溢在熊太太的家里。

享受完美味的点心,熊太太给她所有的孩子们一个大大的、暖暖的、紧紧的拥抱。

秋秋觉得非常幸福,因为他的新妈妈长得就像他自己的样子。

活动 3-1　第 五 个

奥林幼儿园　吴轶

设计思路

绘本《第五个》*作为优秀的文学作品，用孩子可以解读的词汇、熟悉的语句结构以及令人着迷的情节将心理教育主题巧妙地涵盖进去，汇聚成结构完整、内容丰富的故事。故事中受伤的玩具，一个挨一个走进那道门，门开后，它们又光鲜地从门里出来。门后面究竟有谁？究竟发生了什么事情？一个个奇思妙想伴随着一个个问题，制造了悬念，满足了大班幼儿的探索欲望。故事的情节和语言较为简单，因此我把活动重点放在通过阅读故事让幼儿建立起积极的战胜恐惧的心理状态。

活动设计

活动目标

1. 观察画面，理解小木偶目睹朋友看病前后心情变化的故事情节，感受克服恐惧后带来的愉悦。

2. 猜测小木偶在等待过程中的心理变化，能连贯地表达自己的想法。

活动准备

课件PPT、幼儿人手一册绘本、音效及音乐片段等

---

* ［奥地利］恩斯特·杨德尔文，［德］诺尔曼·荣格图:《第五个》，南海出版社，2010。

活动过程

一、设置悬念,激发阅读的兴趣

1. 出示第一张图片(一扇房间的门,门底缝里透着一束光线)
——看到了什么?

2. 出示第二张图片(门口五张小椅子)
——又看到了什么?(这么多的椅子,在我们生活中哪些地方也会有这么多的椅子?)

3. 出示一行字(出来一个,进去一个)
——还看到了什么?(哟,这个地方可真是奇怪,大家总是出来一个进去一个,谁出来?谁又进去了呢?)

图1

图2

图3

过渡:你们想知道吗?我也很想知道哦,那我们就一起去书里看看吧。(引导幼儿带着问题进行第一次自主阅读。)

二、自主阅读,初步了解故事主要情节

1. 幼儿自主阅读故事《第五个》(结尾处封闭掉,看到青蛙飞出来)
2. 讨论
——看得怎么样?你们看到到底是谁出来,谁又进去了呀?(幼儿泛讲)

教案篇

小结

原来有五位朋友在门口等待着，它们依次为企鹅、鸭子、小熊、青蛙和小木偶，它们按照顺序一个出来后一个又进去，最后留下的朋友越来越少了，只剩下小木偶一个了。

——它们进进出出，那一切都有变化吗？你有没有发现谁有变化了？（幼儿根据阅读举例看到的玩具，如小企鹅进出先后发生的变化）

——故事的哪一段是讲了小企鹅进去出后发生了变化的？（从第几页到第几页）

——我们一起来看看他说的对不对啊？（出示对比的画面PPT，让幼儿验证）

三、再次自主阅读，细致观察画面情节，分析小木偶的心理变化

1. 再次细致观察

——除了刚才我们看到的第一个小企鹅进出先后发生了变化，那其他的几位朋友呢，它们有没有变化呢？

（请幼儿一一说出其他三位朋友，并通过PPT画面来验证观察的结果。）（可以请个别幼儿对小熊或者小青蛙进去先后的表情神态动作进行表演。）

小结

是呀，你们看故事越来越仔细了，发现了画面中很多微妙的变化

过渡：这些朋友就这样进进出出，变化也是悄悄发生着，那小木偶都看在眼里，他的心里又会发生哪些变化呢？我们再一起来看看书吧！

2. 再次自主阅读

3. 幼儿根据老师提供的线索找寻小木偶心理变化的过程图片

——当还剩四个、还剩三个、还剩二个、还剩一个的时候，小木偶的表情有什么变化吗？（轻松、有点紧张、摸摸鼻子、忐忑、焦虑哭了）

——特别是还剩它一个的时候，小木偶怎么了？他为什么会哭呢？他心里会有什么感受？

——你们觉得小木偶接着会进去吗？为什么？（幼儿大胆猜测故事接下来会发生什么事情）

四、揭晓故事结尾，树立克服黑暗和恐惧的信心

1.（播放PPT结尾，揭晓谜底）

——小木偶听了你们的话，信心足了许多，心里也不那么害怕了，它想给自己鼓励一下，那如果你是小木偶你会怎么鼓励自己？那门里面到底是什么呢？我们一起进去看看吧。

2.（观察最后一幅画面）

——哇,等了这么长时间,到底是什么地方呀?对了,那是一家玩具诊所啊!你怎么知道那是家玩具诊所呢?你从哪里看出来的?

——诊所里面有谁呀?他看上去怎么样?(亲切、和蔼可亲,笑眯眯的),你会害怕这样的医生吗?

——瞧,小木偶和医生爷爷他们俩之间会说些什么?(猜猜、演演)

——原来看病也可以是件很快乐的事情,一点儿都不可怕哦!

五、拓展生活经验,延伸绘本带来的价值

1. 你们平时有没有像小木偶这样的等待经历呀?

2. 那如果你们遇到这样的情况,有什么好办法能让自己在等待中不再焦虑,不再紧张,而是让等待变得更加轻松和愉快呢?

小结

面对黑暗和未知的恐惧,是一件再正常不过的事,但不必要太过紧张,一切总会好起来的。

教学解析

为了使绘本《第五个》的阅读活动能够生动、愉快、高效的进行,我在活动中设计了三个环节:一是"猜测想象",引导幼儿跳出常态下的故事进展程序,让幼儿根据故事中提供的各种图画线索,通过思考、想象,猜测出故事发生的地点;二是在幼儿完整自主阅读之后的"验证体验表现",引导幼儿通过自己的动作、表情、言语等外显行为进一步理解作品,将静态画面阅读与动态体验阅读结合起来。在这个环节有个需要突破的难点就是让幼儿充分地说出小木偶在等待中的心理活动,因此我设计了"观察小木偶等待的心路历程"的片段,利用猜想式、开放式、递进式的提问,让幼儿想说、敢说、喜欢说、有机会说,并能积极应答。三是"总结迁徙",让幼儿把该经验和体验运用到生活当中。让幼儿建立起积极的战胜恐惧的心理状态,并让孩子们深切地感受并学习应该如何耐心等待、如何面对焦虑的心态。

教案篇

附故事

第 五 个

门开了/一个出来/一个进去/还剩四个

门开了/一个出来/一个进去/还剩三个

门开了/一个出来/一个进去/还剩两个

门开了/一个出来/一个进去/最后一个

门开了/一个出来/独自进去

医生你好

活动 3-2

好 朋 友

虹桥中心幼儿园　金晔

设计思路

绘本《好朋友》*出自德国儿童文学作家赫姆·海恩之笔。其幽默、风趣的图文正是描述了好朋友之间各种美好的情感、趣事。故事里的人物形象、心理状态与幼儿的内心世界相吻合。《3—6岁儿童学习与发展指南》以下简称《指南》针对大班幼儿在人际交往中的目标指出，大班幼儿应该有自己的好朋友，并能够与他人分工合作，遇到困难一起克服，发生冲突能自己协商解决等。因此，特选绘本《好朋友》，在大班幼儿"我要上小学"的主题下展开早期阅读活动。

结合《3—6岁儿童学习与发展指南》对大班幼儿的语言发展的要求，幼儿应能根据故事的部分情节或图书画面的线索猜想故事情节的发展。教师通过多媒体阅读、自主阅读、小组阅读、故事图卡排序等阅读形式激发幼儿即将上小学要与好朋友分开的不舍之情，同时引导幼儿理清故事线索，理解故事的前后关联，为幼儿创设各种启发引导式的提问。同时，展开对画面的解读、想象、交流，让幼儿感知绘本故事中三个好朋友互相帮助、共同克服困难、一起做决定、团结平等相处的一系列故事情节。在阅读分享过程中，使幼儿在自主阅读中带着问题与思考连贯、有序地解读。最后，帮助幼儿发现好朋友的真谛，进一步体会友谊的珍贵，愿意维护真善美的友谊。

活动设计

活动目标

1. 观察故事中三个好朋友在一起开心相处的画面，感受和好朋友在一起的美好情感。
2. 尝试将故事前后情节联系起来理解故事，并完整表达对画面的理解。

---

* ［德］赫姆·海恩著：《好朋友》，王真心译，明天出版社，2010。

教案篇

活动准备

课件PPT、背景音乐、小图书若干、故事图卡

活动过程

一、引出主题

1. 出示"好朋友"字样

——这是什么？什么叫好朋友？

2.（第一幅）人物介绍

——在农场里住着三个朋友，他们分别是小鸡咕咕、小猪波波和小老鼠强强。

——从画面上看，你觉得它们三个是好朋友吗？说说理由。

小结

是呀，三个好朋友每天都在一起，享受生活的乐趣。

3.（出示第二幅）一起叫早

——瞧，每天早上，公鸡咕咕都负责叫醒农庄里的动物们，可是农庄很大，动物也很多，单凭公鸡一个人有点儿忙不过来啊！这个时候谁会来帮忙呢？

——它们是用什么样的办法帮助咕咕一起叫醒动物们呢？

小结

对哦，小猪吹喇叭，小老鼠敲瓶子，帮助咕咕一起叫醒动物们。是呀，好朋友在一起就是互相帮助的。

过渡：（出示第三幅）三个好朋友还会遇到哪些有趣的事情呢？让我们一起到故事书里去找吧！

二、自主阅读

阅读要求：

1. 找出故事书里三个好朋友都发生了哪些有趣的事情？（理清故事中的主要线索）

2. 联系故事前后，幼儿排列图片顺序。

三、分段解读

1. 你在故事书《好朋友》里面看到了哪些有趣的事情？（对应幼儿回答，出示相关图片）

2.开心的事情那么多,都被你们一一找出来了,那么谁能说说,哪个在先,哪个在后呢?按情节排序并验证所在页码。

3.按图片顺序,逐一分析讲解故事情节。(对应播放第四-八幅)

(1)农场打鸣——三个朋友是怎么合作叫醒小动物的?

小 结

好朋友总是互相帮忙的。

(2)翻山越岭——遇到危险的山路,它们能过去吗?为什么呢?

小 结

好朋友总是共同克服困难的。

(3)海盗冒险——它们怎么玩海盗游戏的?

小 结

好朋友总是一起做决定的。

(4)合作采摘——它们饿了吃什么?想了什么办法吃到樱桃?当公鸡咕咕觉得不公平的时候,好朋友之间该如何分享呢?

小 结

好朋友总是团结,公平对待的。

过渡:(出示第九幅)不知不觉,夜幕降临,三个好朋友该回家了,它们还是像来时那样,合作骑自行车回到家里。

4.(出示第十幅)在鸡舍的后面,水桶旁边的三个好朋友说了一句悄悄话?会是什么话呢?(激发联想)

小 结

三个好朋友实在是形影不离,一点儿也不愿意分开呀!

四、分组阅读

1. 于是三个好朋友为了日夜不分开,又开始讨论起来。它们想了哪些办法?请你们分组到书中去找找答案。(书上P23-26)(分组阅读交流)

2. (PPT11)它们想的办法,都实现了吗?

3. (PPT12)瞧,三个好朋友还是各自回到了家,夜空中繁星点点,但是它们在同一个地方相遇了,这是哪里呢?

4. 有时候,好朋友也不能一直在一起啊。那么万一分开了,还是不是好朋友呢?

小 结

好朋友虽然要面对分离,但是无论多么遥远都阻隔不了深厚的友谊。有了好朋友的牵挂,在梦里都能相见!

五、完整欣赏

六、延伸

你们有自己的好朋友吗?马上要毕业了,好朋友可能要分开了,我们可以做些什么呢?

教学解析

大班幼儿通常会有自己的好朋友。对他们而言,和好朋友在一起发生的每一件开心事都会给彼此留下美好的回忆。作为阅读活动,教材选择尤为重要,从幼儿的心理特点出发,绘本《好朋友》比较适合在大班下学期"我要上小学"的主题下展开。即将面对与好朋友的分离,幼儿会有什么特别的情感呢?本次活动,带幼儿阅读欣赏了与好朋友相处的各种开心画面。在阅读中,让幼儿去共同体验、互相帮助、共同克服困难、合作游戏、团结公正、形影不离,从中帮助幼儿阅读并理解好朋友的真谛。

阅读活动的开头让幼儿认知"好朋友"。简洁、清晰的导入活动后,幼儿共同观察第一幅画面三个好朋友在一起合作骑自行车,再去观察他们合作叫醒同伴的画面,充满爱与欢乐。此时,我和幼儿展开讨论,三个好朋友如何配合骑上一辆比谁都高的自行车?他们又是如何合作叫醒农庄里的每一个伙伴?这对幼儿是一种隐性的启发,萌发了好朋友之间合作共事的概念和乐趣。

鉴于大班下学期,幼儿在学习上要充分发挥自主性。在第二个阅读环节中,教师便采用了自主阅读小图书的形式,要求幼儿去找找书中三个好朋友在一起还发生了哪些快乐的事情?由于绘本原先情节较多,篇幅较长,预见幼儿的能力会有不同。为了合理安排好自主阅读的环节,教师将绘本1—23页和26—28页分别都用回形针固定好,让幼儿明确此次阅读的范围,从中减少了不必要的干扰。在幼儿自主阅读之前,教师要明确幼儿的环节阅读小目标,引导幼儿去寻找三个好朋友还会遇到哪些开心事?他们是怎么样解决问题的?让幼儿带着问题去寻找线索,效果较好。当幼儿再次集中在一起的时候,每个幼儿对自己发现的开心事都会有不同的兴趣和关注点。为了尊重幼儿,活动中让幼儿充分表达、表现自己的阅读发现。在接下来的环节中,再请幼儿来说说开心事的先后顺序。此环节中教师的作用就在于帮助幼儿梳理、整合阅读的线索,理清故事的先后顺序,最终达到一个完整阅读的要求。

在完成阅读目标之后,就要提升幼儿的情感。结合大班即将毕业之际,教师便可渲染美好友谊的感受。当场提出:有时候,好朋友也不能一直在一起啊。那么万一分开了,还是不是好朋友呢?带领幼儿在多媒体上共同分享三个好朋友虽然要面对分离但彼此牵挂,在梦里都能相见的美好情感。

可以在活动最后再次激发幼儿毕业分离的各种情感,鼓励幼儿说说自己的毕业寄语,献上对好朋友的真挚祝福!

附故事

好朋友

每天早上,公鸡咕咕要负责叫醒农庄里的动物,小老鼠强强和小猪波波都会在一旁帮忙。因为,好朋友总是互相帮忙的。然后,他们会骑上脚踏车,从农庄出发,一起在晨光里兜风。无论路多么颠、山多么陡、弯道多么曲折、水洼多么深,都阻挡不了他们。

有一天,他们在村里的池塘边捉迷藏。小老鼠强强躲在芦苇丛里时,发现了一艘旧船。他们三个便立下共同的志愿——要成为海盗。因为,好朋友总是一起做决定的。小老鼠强强掌舵;公鸡咕咕张开翅膀,扬起了帆;小猪波波充当软木塞,堵住了船底的破洞。他们就这样在宽阔的水面上航行冒险,一天下来,他们觉得自己变得更大胆、更勇敢了。他们征服了整个池塘!可是,饥饿还是把他们赶回到岸上。本来他们想钓鱼来吃,可是,肚子咕噜咕噜叫得好大声,把鱼儿都吓跑了。他们只好去采樱桃,他们把采到的樱桃分着吃:一颗分给小老鼠强强,一颗分给公鸡咕咕,两颗分给小猪波波,就这样一直分下去。小老鼠强强没什么意见,不过,公鸡咕咕觉得不公平。所以,他又分到了所有的樱桃核。因为,好朋友总是要公平对待的。他们吃了太多樱桃,所以全都闹肚子了,得在回家前先到草地上解决一下。当夕阳西下,影子拖得好长好长的时候,他们骑上脚踏车回家。在鸡舍后面的水桶旁边,他们三个发誓要一辈子做朋友。"因为,好朋友是永不分离的",他们说。那天晚上,他们打算在小老鼠强强家睡觉,可是,公鸡咕咕被卡在洞口了。于是他们又决定到小猪波波家过夜。不过,小老鼠强强鼻子太灵敏了,他不想睡在猪舍里。最后,公鸡咕咕提议到鸡舍的木杆上睡觉,可是……木杆断了!他们只好互道晚安,各自回到自己的床上去。

"有时候,好朋友也不能一直在一起",他们说。可是,他们在梦里又见面了。因为,好朋友总是会出现在彼此的梦中。

花 娘 谷

浦南幼儿园　华洁

设计思路

《花娘谷》*是一个以生命的美为主题的故事，它向孩子们展现了中国村庄的风景之美，传递了一种美好的情感。整个绘本图美、文字也美。在字里行间中慢慢地渗出中国式的浪漫，而故事内容也与现阶段大班幼儿的发展经验相适合。9—10月，大班幼儿正在进行《我是中国人》的主题活动，在内容上绘本与主题内容有契合点，因此我们就阅读内容中的"中国喜事"为切入点，对幼儿的已有经验作一定回顾和进一步的提升。

在设计之时，以优美的背景音乐加以老师动听的讲述，让孩子们在欣赏、品味中理解故事的美好情节，了解中国的传统节日——"中国喜事"，体验愉悦之感。

活动设计

活动目标

1. 观察画面，了解茅草谷变成花娘谷的美好经历，感受美好的变化给人们带来的愉悦情感。
2. 愿意用较完整的语言表达对阅读内容的理解。

活动准备

1. 课件PPT《花娘谷》、图书12本
2. "中国喜事"的相应照片4幅
3. 老爷爷的胡子、寿面、寿糕等表演道具

---

* 保冬妮著，《花娘谷》，重庆出版社，2009。

活动过程

一、封面导入，认识茅草谷

——很久很久以前，有一个这样的村庄。（出示图片"扉页"）

重点提问：这个村庄里有什么？

小结：村里长着各种各样的树，就是没有一棵树会开花、结果，所以村里人叫这里"茅草谷"。在这一幢幢茅草谷的老房子里，今天的故事也开始了。

二、分段阅读，理解故事

1. 集体阅读

重点提问：

（1）在结婚这么一个大喜日子里，你们觉得大家会带什么礼物呢？

（2）故事讲到这儿，你知道了哪些关于我家（外公外婆）的事？

小结

村里人也开始向外婆学习，家里一有喜事，也在院子里村子里种下一棵棵会开花、会结果的树。

2. 图片欣赏

重点提问：

（1）看看村里人都遇上过哪些喜事？

（关于过新年、造新房、庆丰收、祝寿礼等图片的观察分享）

（2）还有哪些节日我们也会去庆祝一下？（中国传统节日）

小结

村里人遇上的喜事还不止这些，所以他们种下了一棵又一棵的树。树越来越多，茅草谷发生了很大的变化，变成什么样了呢？请你们自己来看看这本故事书吧。

三、完整欣赏，分享感受

——故事讲完了，我家故事的名字就叫《花娘谷》，请你们也把这本美美的故事书和其他孩子分享哦。

教案篇

教学解析

谈到"中国绘本",大多的大班孩子会想到《老鼠娶新娘》《年》《三个和尚》等故事,除了这些耳熟能详的故事外,现如今大班幼儿对国外优秀的绘本故事更为熟知,而对中国绘本的了解少之甚少。

一、中国绘本的阅读,体验中国式的美和浪漫

借助《花娘谷》这本全新的中国绘本,帮助幼儿巩固了解中国传统的节日风俗、含蓄内敛的文化内涵以及中国人的一些传统"喜事"等。因此,"观察画面,了解茅草谷变成花娘谷的美好经历,感受美好的变化给人们带来的愉悦情感"是本次活动的重点,也是整个故事的主线。沿着这条脉络,结合《我是中国人》的主题背景,引导幼儿欣赏中国农村的秀丽风景,体验一种中国式独有的美与浪漫。

二、故事主角的改变,有了"家"的氛围

整个活动中为了使孩子能更加融入故事情景、理解故事内容,教师将故事内容进行了表述上的改编,《花娘谷》的故事变为了"老师家的故事","花儿娘"变成了"老师的外婆"。活动中的这一"改变",不但引发了孩子们对于故事的好奇心,而且创设了一个温暖的"家"的氛围,在优美舒缓的音乐中,老师的声音缓缓而来,带领着孩子们进入一个"美丽的世界"。

三、四幅插图的增加,凸显了"中国喜事"

除了内容上的改编,教师在故事画面上也增添了四幅精心思考与准备的"插图":过新年、造新房、庆丰收和祝寿礼。这是本次活动的难点,即"愿意用较完整的语言表达对阅读内容的理解",此处的"阅读内容"便是四幅插图。借用这四幅插图,与绘本故事内容相结合,当场向孩子们抛出一个"话题",引发幼儿间进行对"中国喜事"的讨论——孩子们先通过观察教师展示出的"照片",初步理解"中国喜事"的含义;在师幼互动、幼幼互动中,回忆、巩固和展开"中国传统节日"的各个认知点。例如,"过新年"可以唤醒幼儿对中国传统节日的已知经验,激发幼儿的表达兴趣;"造新房"和"庆丰收"则是帮助幼儿理解"收获的快乐";"祝寿礼"是中国人最看重的"孝",通过这幅插图可以引导幼儿萌发"敬老爱老"的意识。

本次活动立足于给孩子搭设一个平台,一个了解中国传统文化、风俗与礼仪的平台,激发孩子们对于中国传统的兴趣,萌发一种想去了解和深入的意识。

附 故 事

花娘谷

很久很久以前,有这样一个村庄,一年四季都冷冷清清的。没有一棵树会开花会结果,村里人管这个地方叫"茅草谷"。

有一年,村里发生了一件大喜事,我的外公娶回了一位美丽的新娘,她就是我的外婆。村里人都敲锣打鼓赶来祝贺,见过我外婆的人都夸她是"世界上最美最美的新娘"。外公听到这儿,心里美滋滋的。外公外婆结婚的那天,外婆的妈妈送来了一牛车会开花、结果的小树苗,村里人从来没见过这样的树,都觉得很稀罕。这一年,外公把二十棵这样的树种在院子里。第二年,这些树真的开花结果了。

时间过得很快,一晃十年过去了,外婆已经是三个孩子的妈妈了,村里人不大知道她的真名字,只知道她的女儿叫海棠、桃花和梨花,所以村里人又管我外婆叫"花儿娘"。从此以后,只要外婆家里一有喜事,外公就会种下一棵会开花、会结果的树苗,树越种越多。村里人也开始向我们家学习,只要家里一遇上喜事,也会种下一棵树。村子里的树也越来越多,一年四季漫山遍野开满了花。

到了秋天,阵阵果香把邻村的人也引来了,大家一起摘果子、吃果子。每到花儿盛开的日子,我们全家会回到这里。看到这些花,会让我们想起以前快乐的喜事。外公在这一天端着外婆最爱吃的百花糕,坐在半山腰上,看着花海好像看到了外婆年轻时候美丽的样子。茅草谷消失不见了,只剩下起起伏伏、深深浅浅的一片花海了。

教案篇

活动 3-4　　收集东，收集西

奥林幼儿园　吴轶

设计思路

绘本《收集东，收集西》*来源于孩子们生活中最熟悉的内容，收集的东西都是平时他们经常看到的，从身边的人，到动物，再到大自然，让孩子们在这个充满诗情画意又随处可见的教材中真实地感受了一回收集所带来的快乐。

整个故事以"收集"这个点展开的，抓住这一点，根据选择的图片进行语言的改编，创编成了一首朗朗上口的诗歌，这样更容易被孩子所接纳。在孩子的世界里，孩子不禁要问，到底哪些东西可以收集，收集起来有什么用呢？如此类似的问题将牵引着孩子带着疑问去学习、去探究。

一本书吸引孩子，可能是因为情节的渲染已经将自己置身于诗歌之中，"我"和"孩子们"已经成了诗歌情境中的角色，也可能是因为其中优美的情感无意中唤醒了孩子潜在的意识，"我"遇到了自己的知音：这么多人都喜欢创编诗歌……啊，原来你也在这里！啊，原来，我们都是一个个"小诗人"。

活动设计

活动目标

1. 感受散文诗的优美，理解"收集"的含义。
2. 根据画面内容合理想象，按照散文诗歌的句式大胆创编。

活动准备

大图书一本、幼儿人手一本小图书、课件PPT、背景音乐片段

---

* 何云姿著：《收集东，收集西》，南京师范大学出版社，2013。

活动过程

一、导入——引出散文诗

（出示大图书《收集东，收集西》）

——你们瞧，什么东西可以"收集"呢？（观察大图书封面上的画面内容）

小结：看来可以收集的东西还真不少。这本大图书里还有一首优美的散文诗，让我们一起来看一看，听一听吧！

二、阅读——看看身边的收集

重点提问：

1. 妹妹喜欢收集什么？（花花衣）哥哥喜欢收集什么？（玩具车）
2. 猜猜他们收集的东西有什么用？

小结

原来收集自己喜欢的东西是一件很快乐的事情。

3. 奶奶喜欢收集怎样的拖鞋？为什么要收集那么多的拖鞋？

小结

原来收集不仅是为了自己，还能让周围人感到温暖，所以很多人会爱上收集。

4. 清洁工伯伯喜欢收集什么呢？垃圾都是我们家里不要的东西，为什么要去收集呢？

小结

看来收集不仅仅能让自己快乐，还能为更多人生活得更舒适，让我们的地球变得更干净和整洁。

5. 收集东，收集西，除了我们人类喜欢收集以外，大自然中还有很多朋友也爱上了收集，我们一起来看看大海喜欢收集什么？（PPT图片若干，引导幼儿发现大海里的一些宝贝）秋天喜欢收集什么？天空又喜欢收集什么呢？

三、模仿——尝试大胆创编

1. 老师带着孩子一起完整地念念散文诗。

教案篇

2. 分成三组分别为"大海"、"秋天"、"天空"收集的宝贝创编好听的诗歌。

3. 老师巡回指导（跟幼儿一起讨论创编的内容，鼓励幼儿大胆创编）。

4. ——把你们为大海、秋天、天空创编的好听的诗歌来念给大家听听，好吗？（让每一个幼儿都能积极大胆地在集体面前表达表现自己创编的诗句）

小结：大海说，的确它的胸怀够大，看每一朵勇往直前的浪花，每一阵清新的海风，每一艘来来往往的船只，每一座照亮远方的灯塔，还有每一串留在沙滩上的脚印都是大海心爱的宝贝。大海说，这种相拥的感觉美极了！（教师根据孩子当时创编的诗歌进行即时小结，把孩子优美的诗句用进小结里。）

四、移情——感受收集的美好

——孩子们，收集东，收集西，我们能收集什么呢？（发散幼儿的想象力）那你们能不能把你们喜欢收集的东西也用来创编出好听的诗歌呢？

——好，让我们一起快乐收集、快乐创编吧！

教学解析

《收集东，收集西》是一篇优美的散文，绘本里用简单的文字配上优美的画面，给人一种浪漫而清新的感觉。散文从自己的收集出发，逐渐延伸到他人的收集，进而扩展到自然界，让孩子看到大自然中各种事物、现象，也存在着什么收集什么的关系。一个关于"收集"的理性话题，遵循孩子生活逻辑的潜在轨迹，有了天马行空般的延展想象，与孩子的思考模式极为相合。同时，收集物品也恰恰是学前儿童常有的一种行为，孩子喜欢收集玩具、图书，更喜欢收集一些在我们看来莫名其妙的东西。收集是一种行为，也是一种情感表达的方式，这些收集行为展现了孩子内心的情感体验。因此，我选择了绘本《收集东，收集西》作为阅读内容，以"收集"为讲述的核心。活动设计中，考虑大班幼儿的认知水平，我对绘本的内容进行了整理和删减，我以"收集"的目的作为线索，情感上层层递进，内容上由窄而广，在欣赏图片并围绕主题的讲述中发展幼儿的语言表达及思考能力，在表述中丰富幼儿的情感体验。同时，我还利用多媒体技术，为图片增加各种声音、动画特效，让讲述的内容更形象、更多感官地展现在孩子面前，扩展幼儿的想象空间并激发其创编欲望。

《收集东，收集西》作为一个阅读创编活动，理解图片中事物之间的关系是幼儿阅读讲述的基础。在设计之初，我就明确了活动的主要目的就是为幼儿提供一个丰富且多感官的语言环境，让幼儿充分观察、思考并愿意大胆讲述。围绕"收集"进行的讲述，对幼儿的阅读提出明确、有针对性的要求，而这样有主题、有方向、能根据已有经验进行拓展的表达，是组织好本次活动的关键，也是评价活动的主要依据。

特别是本次活动的第三环节——大自然的"收集"。这里的收集已经超越了收集本身的含义,"秋天"、"大海"、"天空"可以说是一种广义上的收集。在这个环节,为了避免幼儿在关于"收集"这个词语语义上存在理解偏差,教师将活动的重点放在让幼儿感受并表述大自然的美丽上,不再拘泥于收集含义的创编上,孩子通过之前的学习经验,当有图片出现时,不少孩子能一下用固定的诗歌语言创编图片内容。在这个环节中,教师利用多媒体动画、声效让孩子闭着眼睛倾听,在视觉、听觉的双重感染下,孩子们陶醉在大自然的美妙之中。

教师在教学活动中,应时刻关注幼儿的发展,适时对活动的组织进行调整,将生成与预成相结合。在幼儿观察"沙滩""水滴"等自然风景图片时,以开放的形式引导幼儿自主讲述,孩子看到了沙滩上的脚印立刻说"沙滩喜欢收集脚印"。看到旁边的海水,就说"大海喜欢收集海螺"等等。自由的语言环境有利于孩子的讲述欲望,使孩子想说、敢说、愿意说。最要注意的是,阅读活动不能成为几个孩子的讲述,鼓励每个孩子积极表达,努力创编诗歌是很重要的,但是如何让每个孩子都参与其中?我选择了分组的形式,让幼儿与幼儿之间展开互动,在倾听别人创编的同时,也积极拓展自己的想象空间、激发创编欲望。

附 诗 歌

收集东,收集西

收集东,收集西,你喜欢收集什么东西?我喜欢收集娃娃衣。奶奶喜欢收集木屐。清洁工伯伯喜欢收集很多很多垃圾。树上的乌鸦收集了一堆怪东西。我问隔壁的圆圆:"你喜欢收集什么东西?"圆圆问我:"'蓝色'算不算是东西?"秋天喜欢收集落叶。月亮喜欢收集星星。海边收集了很多很多石头。天空喜欢收集云。小溪喜欢收集雨滴。我问妈妈:"你喜欢收集什么东西?"妈妈说:"我喜欢收集的都是'你'的东西啊!"

奥菲利亚的影子剧院

浦南幼儿园　刘佳玺

设计思路

这个活动是围绕主题"我自己"中"和影子捉迷藏"的分主题来设计的。孩子们对影子时大时小、时隐时现的变化非常感兴趣,并进行了与之相关的许多游戏,建立了初步的感知经验。不过,由于他们的判断思维往往依从于表象,导致他们对光影概念依旧存在着模糊和错误的想法。

《奥菲利亚的影子剧院》*虽然是故事绘本,但其中"影子们想要变大变小"、"影子们希望有眼睛"的情节矛盾与冲突,恰好为这场光影奥秘的探索提供了最佳的故事平台。我们对故事小作修改,利用绘本情境提升科学活动的感情色彩,运用更生动的问题情境设计,引导孩子一边"参与"故事,一边自己动手探究光影的奥秘,以此建立清晰、正确的科学概念。

活动设计

活动目标

1. 观察画面,理解奥菲利亚小姐与纸偶们对演戏热爱的故事情节,并能用完整语言表达故事内容。

2. 愿意大胆猜测并验证影子形成及影子大小与光的关系,感受故事中的美好情感。

活动准备

经验准备:玩过与影子有关的游戏,如手影游戏、测影子等等

---

* [德]米切尔·恩德著,海西尔曼绘:《奥菲利亚的影子剧院》,何珊译,21世纪出版社,2013。

材料准备：动物纸偶若干、手电筒、剪刀、胶水、油泥、白板、提示板

活动过程

一、回忆经验，说说影子

今天，老师要和大家分享一个特别的故事，这个故事和一位老朋友有关。（出示文字"影子"）

——影子是什么样？

——有没有玩过影子有关的游戏？

小结

影子的颜色是黑色的，没有眼睛、鼻子、嘴巴，有光会出现，没光会消失，就算是影子，有时也可以用来做一些令人快乐的事情。

二、理解故事，变变"影子"

（一）观察画面，引趣质疑（出示PPT1-4）

——这些影子是谁？它们来找奥菲利亚小姐做什么？

过渡：原来，它们都是纸偶的影子，它们也想站在舞台上表演节目，可是很快，他们遇到了第一个难题。

（二）合作实验，变大变小（出示PPT5-6）

1. 纸偶大象说："我是威武的大象，我的影子应该又高又大，可是我们都被剪成了一样大小，这让我们的影子也一样大小。有什么办法能让我们的影子该变大的变大，该变小的变小吗？"

2. 幼儿亲自实验，探索改变影子大小的方法。

3. 分享交流：

——你们用了什么方法变大了影子？

——请一个孩子上来验证。

小结

原来，纸偶离光越近，影子就越大，纸偶离光越远，影子就变小。

（三）合作实验，变变眼睛（出示PPT7）

1. 理解故事第二段

提问：怎样才能让纸偶的影子也变出闪亮亮的眼睛呢？

教案篇

2.教师记录幼儿的猜测内容（画、纸贴、剪、橡皮泥贴），并展示在展板上。

3.幼儿两两合作，一起通过实验操作验证自己的猜想。

4.分享结果：

——实验成功了吗？用的是哪种方法？

——教师尝试"剪"的方法，验证猜测：为什么剪个小洞就能让影子变出眼睛来？而画和贴都不行呢？

小 结

因为纸偶是用纸做的，纸会挡住光，形成黑色的影子。在纸上剪两个小洞，光就会从洞口穿过去，打在影子上，看上去就好像影子长了"眼睛"一样。

三、完整听赏，分享感受

理解故事第三段

——看完这个故事，你有什么感受？

——如果奥菲利亚小姐邀请你用影子来表演节目，你们愿意吗？会怎么表演呢？

总结：我的故事到这里结束，但关于奥菲利亚和那些影子的故事还有很多很多，它们就藏在这本书里，书的名字叫做《奥菲利亚的影子剧院》。

教学解析

《奥菲利亚的影子剧院》是一个非常感人的故事，它看起来似乎与科学沾不上边，但一次偶然的机会却让我们看到了这个故事与科学的"碰撞"。

进入《我自己》的主题后，孩子们对影子特别敏感，他们热衷于和影子相关的各种游戏，并从中获得了最初的感知经验。在此基础上，我们设计了这个科学活动，希望通过实验探索，帮助孩子们将感知经验提炼为科学原理。可第一次的尝试并不尽如人意，"科学应该理性"的误解直接影响了我们。针对每一次实验操作，我们都设计了非常直白且极具针对性的提问，没有安排任何感情铺垫，结果表明：孩子们虽然完成了实验操作，却并没有对光影现象产生再探索的科学热情，我们没有在孩子们的行为中看见他们玩"影子游戏"时的激情。于是，我们选择了绘本《奥菲利亚的影子剧院》，期望借由绘本为整个科学活动提供合适的故事情境，激发幼儿的探索热情。然而，在反复设计与思考的过程中，我们逐渐意识到：绘本与科学的结合并非是一个故事就能水到渠成，情节的选择、提问的方式、材料的呈现都会对两者结合的最终效果产生微妙的影响。

一、符合经验的情节调整

故事中的奥菲利亚热爱着演出事业,但因为声音太小,无法实现这一梦想,只能躲在舞台后面的箱子里为演员们"提醒台词"。后来剧院倒闭,演员们都离开了剧院,奥菲利亚才遇到影子演员,可绘本中"影子的由来"却让孩子们产生了疑惑:

"这个影子是哪里来的?"

"不是要有东西才会有影子吗?"

孩子以往的感知经验已经让他们知道"有物才会有影子",绘本中的影子却是"凭空而来",这不仅违背了影子的特质,也直接影响了幼儿对整个故事的理解。为此,我们索性为这些影子设计了主人——"白色纸偶"。白纸既能挡住光形成影子,又便于幼儿进行贴、画、剪等探索操作,且纸偶本身就是幼儿熟知的表演工具之一,它的颜色是白色,没有华丽的头饰和服装,这也为"它们想用影子来表演"提供了合适的理由:因为影子都是黑色的,有没有装饰都一样,所以,它们想用影子来表演。经由这样的调整,整个导入环节果然顺理成章了很多,为之后的科探环节铺下了良好的感情线。

二、保持情境性的提问设计与互动

为了避免故事氛围出现断层,活动中的每一个重点提问都是以故事角色的口吻呈现的。例如,在第一次实验操作前,原本的重点提问设计为:"怎么才能让影子变大变小呢?"但经由故事润色,我们调整为:"纸偶大象看见自己的影子和小鸟一样大,他很不满意,他的影子应该又高又大,怎样才能让它的愿望实现呢?"看似相同的意图,经由不同的语言表达,对维持故事情境也会产生不一样的效果。

另外,在幼儿实验操作的时候,教师与幼儿的互动同样要遵循"不离情境"的本质,例如在幼儿自主探索影子变大变小的过程中,教师上前询问幼儿的操作情况:

"你帮纸偶大象找到把影子变大的方法了吗?"

"啊,大象的影子真的变大了,好威武啊!可是,小鸟希望它的影子能娇小一些,你能帮小鸟也想想办法吗?"

这种语言上的隐喻为幼儿创造了更为生动的问题情境,同时避免科探操作与故事情境的气氛冲突。保证在实验操作的同时,故事情境也能有效地持续下去。

三、支撑情境性的操作材料

幼儿实验所用的操作材料同样与故事息息相关,我们为每一组幼儿都提供了真实的白色纸偶。纸偶的形象生动美丽,形态各异,令幼儿感到惊奇。不仅如此,原本用来呈现影子的展板被特意设计成了"舞台",用来照影子的手电筒也被设计为"舞台灯光"。幼儿操作实验仿佛就是在亲手导演一场影子戏,他们就是奥菲利亚,手里的纸偶也仿佛真的拥有了生命。

这次绘本与科探的碰撞实现了绘本情境下进行科学活动的可能性,孩子们在活动结束后依

教案篇

旧对故事中的主人公以及绘本表现出不舍之情,有孩子希望能再阅读一遍绘本,有孩子始终将纸偶抱在怀里,而我们也在反复的调整与设计中愈加肯定:绘本情境下的科学活动需要格外注意细节的设计。孩子听到的每一句话、接触的每一件事物都必须与故事一脉相连,让孩子的感官牢牢地与绘本情境捆绑在一起,即便是在实验操作的时候,他们也是在参与故事,而非单纯地追求科学结果。

附故事

奥菲利亚的影子剧院

奥菲利亚小姐出生在一个特别的家庭,她的爸爸是一位非常有名的演员,还有一座漂亮的剧院。奥菲利亚小姐很喜欢演戏,可由于种种原因,她没能成功。索性,她有一双灵巧的手,每天晚上,当她的爸爸在舞台上表演节目的时候,她就躲在舞台后面,用白纸将舞台上所有的角色都剪出来,慢慢的,一个个栩栩如生的纸偶就这样诞生了。

然而,在一个不幸的冬天,奥菲利亚小姐的爸爸去世了,剧院也因此倒闭了,这天晚上,奥菲利亚小姐一个人坐在剧院里,纸偶们却出现了。原来,他们也想表演节目。可是,纸偶没有颜色,没有华丽的头饰和服装,于是,他们想了一个主意,能不能用他们的影子来表演节目,反正,谁也不在乎影子有没有颜色。

影子们很快进行了第一次演出,他们遇到了各种各样的困难:

该怎么让影子变大变小呢?

该怎么让影子有眼睛呢?

在奥菲利亚小姐的帮助下,这些困难都顺利解决了,演出大获成功。于是,奥菲利亚小姐做了一个更大胆的决定,她要带着这个剧团去更多的地方演出,走遍世界各地,让更多的人可以看到这些影子的表演。

可是,时间一天天地过去,奥菲利亚小姐越来越苍老了。有一天,她感觉到自己的身体状况已经让她再也去不了更远的地方了。于是,她回到了家,躺在床上,所有的影子都围绕在她的身旁。就在这时,奥菲利亚小姐看到了一束光,她忍不住朝这束光走去,所有的影子都跟在她的身后。然后,她看见,她看见一座非常非常美丽的剧院,有云朵做的舞台,晚霞做的灯光。最重要的是,这个剧院门上写着"奥菲利亚的影子剧院"。哦,这竟然是她的剧院,她高兴极了,影子们也高兴极了。第二天早晨,当人们再去看望奥菲利亚小姐的时候,大家看见,奥菲利亚小姐安静地躺在床上,静静地睡着了。

活动 3-6

狼大叔的红焖鸡

陈伯吹实验幼儿园　杨鹭

设计思路

《狼大叔的红焖鸡》*这个故事从文本和图画来看都非常具有趣味性,也有一定的悬念。文本突破了传统观念里大灰狼的形象,主要描写了大灰狼从想吃红焖鸡到最后没有吃到红焖鸡反而要给小鸡们做好吃的这一违反"常规"的转变过程。绘本中淡化了大灰狼原来的恶形恶状,随着大灰狼的各种丰富表情、一举一动,使幼儿对于大灰狼的认识由初始认定的"大坏蛋",慢慢改变成了现在可爱善良的狼大叔,从而让幼儿领悟到友善待人能够化敌为友这一理念。故事情节设计妙趣横生,高潮迭起,几个小小的"意外"带来意想不到的结果。

大班幼儿已有了一定的语言表达能力,能根据图片对故事情节进行猜测、讲述。而故事中,多变的情节、夸张的表情,给幼儿提供大胆想象的空间。活动以集体阅读、个别阅读相结合的形式展开,让幼儿体验阅读带来的乐趣。

活动设计

活动目标

1. 仔细观察图片,理解狼大叔的情感转变的故事情节,感受爱的温暖和强大。
2. 大胆猜测故事情节,能用语言连贯地表达自己猜测的故事内容。

活动准备

课件PPT、绘本人手一本

---

* [美]庆子·凯萨兹著:《狼大叔的红焖鸡》,范晓星译,贵州人民出版社,2007。

教案篇

一、激趣引疑

（阅读画面第1幅到第3幅，出示）

重点提问：

1.（听录音）在你印象中狼是一种怎样的动物？

2. 今天老师就带来了一本有趣的绘本故事，它的主人公就是一匹狼，故事的名字叫：狼大叔的红焖鸡。

3. 红焖鸡吃过吗？从封面上你能看出这可能是谁和谁的故事？大概发生了什么事呢？

过渡：到底是不是你们猜的那样，狼大叔有没有吃掉母鸡呢，让我们一起来听听故事吧。

二、阅读理解

（阅读画面第4幅到第7幅，出示）

1. 狼大叔有没有把母鸡吃掉？为什么？它在想什么？

2. 原来它心里想着坏主意。瞧！接下来几天，它都在干什么？它都做了哪些美食？给谁呢？从哪里看出来的？

3. 过了几天，狼大叔觉得时机差不多了。它在家里准备了一个大号的焖锅，在里面烧满水，放在火上，准备去抓鸡了。猜猜它此刻的心情是怎样的？

4. 到了母鸡家，门突然打开了。狼大叔看到了母鸡，它是怎样的表情？为什么？为什么天天给母鸡吃美食，它却一点都没有胖呢？

5. 到底母鸡没有变胖的原因是什么呢？

过渡：让我们带着这个问题到书里去寻找答案。

三、自主阅读

重点提问：

1. 母鸡为什么没有变胖？

2. 狼大叔最后有没有吃母鸡？为什么？你从哪幅图片看出狼大叔被小鸡们感动了？

3. 听了母鸡妈妈的话，小鸡都是怎么做的？为什么要这么做？狼大叔这次没有吃到母鸡，你们觉得可惜吗？

小 结

是的，虽然狼大叔没有吃到红焖鸡，但是，它享受到了快乐和朋友的爱。这就是一对特殊的好朋友！

教学解析

本次教学环节主要有三个部分：认识狼大叔、狼大叔想办法吃母鸡、母鸡为何没变胖。

第一部分：通过观察封面认识狼大叔，大胆猜测故事内容。

我先让孩子听一段狼叫录音，猜猜是哪个动物发出的叫声，然后提问：在你的印象中狼是一种怎样的动物？目的是激起孩子对狼的一贯认识，那就是狡猾、可怕。接着，先请幼儿仔细观察画面，分析狼大叔的表情和动作，通过细节来猜测狼大叔想做什么，然后出示封面，讨论故事名字，重点解决"焖"的读音和字义。这个环节我设计的亮点是：通过孩子对狼的一贯印象，来对故事之后的转折做一个小小铺垫。

第二部分：分段阅读，理解故事内容，大胆猜测故事情节。

这部分我用夹叙夹议的方式让孩子理解故事内容，首先让孩子在观察画面中读懂故事的内容，画面中的细微符号是不能错过的关键，比如狼大叔在家里的厨房做美食的画面，引导孩子观察几个箭头和狼的面部表情，推测狼大叔想要做什么。接着，我通过提问和观察图片让孩子体会狼大叔即将要完成心愿的心理活动。可是，当孩子们看到母鸡一点都没有变胖时，他们的心里是充满诧异的，而这个情节恰恰是故事的高潮和悬疑点，就像观看一部非常悬念的电影，不到故事的最后，观众永远也不知道结局是什么，所以孩子对这个故事的情节更加感兴趣了。最后，孩子们可以通过丰富的想象去猜测母鸡没有变胖的原因，这激发了幼儿的想象力和语言表达力。

第三部分：自主阅读，了解狼大叔的情感转变过程。

这部分是整个活动的重点，先让孩子们自主阅读故事的最后几页，读懂母鸡为何没有变胖的原因，然后通过提问让孩子仔细观察狼大叔和母鸡的面部表情和动作，一是让孩子感受母鸡和小鸡对狼大叔"美丽的误解"；二是让孩子走进狼大叔的内心，把一个两难的问题——"吃不吃鸡？"抛给孩子，这里主要是让孩子在思辨中感受狼大叔内心挣扎和慢慢变化的过程。最终，孩子们随着故事结尾知道了：爱的力量是伟大的，它能让大坏蛋变成大好人。

附 故 事

狼大叔的红焖鸡

从前，有一只狼，他喜欢各种各样的美食。除了吃，他再没有其他的爱好了。他总是吃完了这顿饭，马上开始想，下一顿吃什么呢？

有一天，狼大叔突然很想吃红焖鸡。一整天，他都在森林里走来走去，想找一只肥嫩的母鸡。最后，他终于发现了一只鸡。"啊，这只鸡红烧正合适。"他想。狼大叔蹑手蹑脚地跟在母鸡后面，越靠越近。当他正要伸手去抓他的猎物的时候……

教案篇

　　他有了另外的一个主意。"如果有什么办法能让这只鸡再肥一点"他想,"我就能多吃几口肉喽……"于是,狼大叔跑回家,冲进厨房,开始准备,他先做了一百个香喷喷的煎饼。然后,在那天深夜,他把煎饼悄悄地放在母鸡家的走廊上。"快吃吧,快吃吧,我可爱的母鸡,长得肥肥又胖胖,让我痛痛快快吃一场!"他小声念叨着。

　　过了几天,夜里又给母鸡家送去了一百个香脆的甜甜圈。"快吃吧,快吃吧,我可爱的母鸡,长得肥肥又胖胖,让我痛痛快快吃一场!"他小声念叨着。又过了几天,他捧来了一个一百磅重的香甜的蛋糕。"快吃吧,快吃吧,我可爱的母鸡,长得肥肥又胖胖,让我痛痛快快吃一场!"他小声念叨着。

　　终于,万事俱备,那正是狼大叔一直期待的一个夜晚。他把一个大号焖锅取出来装满水,放在火上,然后就兴高采烈地出发了。"那只鸡现在一定胖得像个气球了"他想,"让我先看看。"就在他正要往母鸡家里偷看的时候,门突然打开了。母鸡尖声叫起来:"啊呀,原来是你呀,亲爱的狼大叔!""孩子们,孩子们!快来看哪,煎饼、甜甜圈和那个香甜的大蛋糕——不是圣诞老公公送来的!那些都是狼大叔送给我们的礼物!"鸡宝宝们全都跳到老狼身上,总共亲了他一百下。"噢,谢谢你,狼大叔!你是世界上最好的厨师!"

　　那天晚上,狼大叔没有吃到红焖鸡。不过鸡太太倒是给他做了一顿相当丰盛的晚餐。"哎,怎么会是这样呢!"狼大叔在回家的路上一边走一边想,"要不,明天我再给这些小家伙们烤一百个香甜的小饼干吧!"

活动 3-7

逛了一圈

嘉定区实验幼儿园　朱濛钰

设计思路

孩子们是否也曾经这样问过你："老师,世界能不能倒过来看呢?"那么,世界究竟可以倒过来看吗?可以!当然!为什么不呢?绘本《逛了一圈》*就是这样一本具有美和趣的图书,美在其画面中黑白的魅力,趣在其可以翻转画面,看到不同的风景。

在阅读一刻中,我也常常发现孩子们往往不满足于看书,更希望能把自己看到的东西和朋友一起来分享。《3—6岁儿童学习与发展指南》对于幼儿"阅读理解能力"的目标也指出：能根据故事的部分情节或图书画面的线索猜想故事情节的发展,或续编、创编故事。《逛了一圈》这个绘本的画面并没有定性,留有想象的空间,恰好可以让幼儿在翻过来、翻过去中,理解故事画面,找到故事中的线索,并大胆想象创编。

基于以上的思考,我把原本的故事情节进行重新编排,设计了活动《逛了一圈》。通过两次的自主发现,希望激发幼儿对翻转画面的兴趣,能根据画面上的线索,大胆表述自己对于绘本画面的理解,创编故事情节,体验故事乐趣。

---

* ［美］安·乔纳斯文和图:《逛了一圈》,潘人本译,河北教育出版社,2010。

教案篇

活动设计

活动目标

1. 欣赏并发现翻转画面的美与趣味,愿意用完整的语言表达自己的发现和感受。
2. 理解故事内容,并尝试创编故事情节。

活动准备

长条KT板、故事画面图片、音乐
第一次分组准备:幼儿分成3组,每组一张图片
第一次分组准备:幼儿分成5组,每组三张图片

活动过程

一、观察封面——观看封面,发现画面的有趣

1. 出示封面,说说特别之处。
——"最近我发现了一本很特别的书,想推荐给你们。"
——"封面上有什么特别的呢?"
2. 小结:封面就很特别,里面的故事一定更特别。

二、翻转图片,看看说说——观察图片,体验乐趣,创编故事

1. 观察单幅图片,发现翻转图片的秘密
——看看你们桌上的图片,找找有没有特别的地方呢?
(1)幼儿分图介绍
(2)教师按顺序把三张图片贴在准备好的KT板长条上
〔设计意图:帮助幼儿关注到单张图片翻转的秘密——有的图片正反看是同一样东西,有的图片正反看是不同的风景,丰富幼儿的视觉体验,提升幼儿对于图片的经验。〕
2. 倾听小故事
——三张图片连起来,还能讲个好听的故事呢,朱老师把你们说的好听话变成了一个好听的

故事,我们一起来听听。

（配乐、故事：根据幼儿回答,串连成故事）

3. 尝试排放图片编故事

——你们想不想和我一样,试着编编故事呢?

（1）编故事要求：分成五组,3人一组,排好图片,凑在一起试着说说故事。

（2）教师观察要点：①幼儿对图片的理解；②幼儿讲述故事的分工。

（3）分组介绍小组的旅行。

三、完整欣赏,体验乐趣——回归故事,体验翻转画面的趣味性

1. 介绍绘本的名字

——有一位画家叔叔,把刚刚有趣的图片连在一起,名字叫做《逛了一圈》。让我们一起跟着画家叔叔逛一圈吧!

2. 完整讲述故事

小结：孩子们,换个角度看世界,你可能会发现更多的惊喜哦!

四、延伸活动

在区角活动中投放书、白纸和笔（铅笔和勾线笔）,让幼儿可以模仿或创作翻转画。——拓展幼儿的绘画思路,帮助幼儿进一步感受和体验翻转图片的乐趣。

教学解析

选材新颖,激发幼儿的阅读兴趣。《逛了一圈》这个绘本是一本可以翻转的、非常有趣的绘本,这样的特别之处也能深深吸引着孩子,很多孩子都对这样翻转图片编故事的形式非常喜欢,不断地体验其中的乐趣,尝试着用另外一种角度来看图片。

另外,图片给了孩子们非常大的想象空间,翻转不同的方向看到的是不同的景象,孩子们也想象出了各种各样的故事情节,有利于孩子想象力的发展。在教学时可关注幼儿编故事的情节性,并及时给予肯定,使故事编得更有趣、更富有想象力。

附故事

逛 了 一 圈

　　天刚亮我们就开车出发。四周静悄悄,房屋黑沉沉,初升的太阳映照在水池上。镇上空荡荡的,店铺还没开门。我们路过山谷里一处小小的农场,还有连绵的麦田。一列火车经过,我们数着它有几节车厢。山路弯弯曲曲,羊肠小径通往树林深处。我们由公路往海边开去,海水汹涌,海浪高高。我们顺着海边走,走过几处沼泽水湾和一些度夏的小屋,城市就出现在眼前。我们过了一座桥,进到城里。停好车以后,我们搭乘地铁,去看了一场电影。我们到最高大楼的楼顶,往下看。我们看到太阳下山,该是回程的时候了。天色暗下来,全城的灯都亮了。回到大街上,我们抬头望一望今天去过的地方,然后我们在一家餐厅吃了晚饭,又去停车场取回我们的车。我们离开了这座明亮的、星光闪烁的城市。在乡间,电线杆沿着路边架设。我们回头一看,只见探照灯的光柱划破了天空。放烟火了,我们停车欣赏,烟火飘荡远去,鸟儿又回到林中休息,我们继续开车。我们开上了拥挤的高速公路。这时候,天空中雷电交加,下起一阵好大的雨,雨水落在地上,积了不少小水洼。我们路过几座冒烟的工厂,我们穿过河底隧道,很快就看见我们那条洒满月光的大街。终于到家了。

活动 3-8

我的幸运一天

尚东之星幼儿园　李洁

设计思路

绘本《我的幸运一天》*讲述了一只糊里糊涂的小猪由于认错了门,把狐狸的家当成了小兔的家。当他面临危险的时候,一次次运用自己的智慧,巧妙地与狐狸周旋,最后幸运地从狐狸家逃脱的过程。

绘本中狐狸从幸运变得不幸,小猪从不幸变得幸运,这是非常有趣而又富有哲理的情节,可以看到小猪在遇到危险时的机智勇敢、淡定自如,也看到了得意洋洋的狐狸也有愚蠢、失算的一面。对于大班的幼儿来说,此绘本中的文字不多,情节简洁明了,画面生动有趣,内容结构安排合理,很适合大班幼儿阅读,并能提升他们的阅读、理解、分析、归纳、联系前后情节等阅读能力。

本活动是在幼儿已熟悉故事的基础上,以"幸运"为切入口,让幼儿说说是谁的幸运的一天,接着让幼儿带着问题再次阅读、重点理解,鼓励幼儿以个人或小组的形式运用多元的方式表达表现,通过排除疑问、归纳提升再次帮助幼儿梳理经验、提升能力,为今后自主阅读打好扎实的基础。

活动设计

活动目标

1. 理解小猪机智勇敢的故事情节,感受遇到危险要想办法保护自己。
2. 依据故事线索,大胆推测故事情节,并能用小组合作的方式表达对故事的推测和理解。

---

* [美]庆子·凯萨兹著:《我的幸运一天》吴小红等译,江苏少年儿童出版社,2007。

教案篇

重难点分析

重点：小猪怎么会从不幸变得幸运，狐狸怎么会从幸运变得不幸？

难点：小猪为什么会提出洗澡、吃大餐、按摩这些事？

为什么每次小猪提出的要求，狐狸总会答应？

活动准备

1. 物质准备：课件PPT，有主要情节点的重要画面
2. 经验准备：幼儿已阅读绘本《我的幸运一天》，对故事内容有初步了解

活动过程

一、出示封面，理解"幸运"的含义

1. 出示封面

——什么是幸运呢？

——那究竟是谁的幸运一天呢？

过渡：一起来认识一下开始幸运的狐狸吧！

二、阅读画面，理解故事内容

（一）认识狐狸，知道幸运的开始

——你们觉得他是一个怎样的狐狸？

——看到开门的是狐狸，小猪是怎样的反应？

小 结

有现成的午餐自己送上门来，狐狸大声说：这真是我的幸运一天呀。

过渡：狐狸吃掉小猪了吗？那后来发生了哪些事，让他们各自的命运都发生转变？

（二）重点阅读洗澡、吃大餐、按摩的画面——幼儿分组阅读

情节一：洗澡

——小猪面对危险是如何保护自己的？

——你们交流的是哪几幅画面？（教师PPT对应）

——小猪提出的要求，狐狸为什么会照做呢？

小 结

洗完澡的狐狸已经汗流浃背了,小猪却舒舒服服地洗了个澡。

过渡:面对新的危险,小猪这次又是怎么保护自己的呢?

情节二:吃大餐

——接下来是哪组幼儿上来?你们用什么方法交流呢?

——为什么这次又听了小猪的话呢?

小 结

狐狸再一次忙得汗流浃背,气喘吁吁。而小猪开始津津有味地吃起来,享受着一顿大餐,而且又一次拖延了时间。

过渡:当狐狸刚要送小猪进烤箱的时候,小猪又有了什么主意呢?

情节三:按摩

——你们准备怎么来介绍呢?

——看懂他们的表演了吗?

——为什么狐狸第三次还是相信了小猪?

——幸运的小猪今天好险呀,回到家他又做什么?

小 结

同样的错误绝不让自己犯第二次,所以他的幸运来源于他的智慧。

三、迁移经验

狐狸总有醒来的时候,当狐狸醒来,小猪第二次出门的时候,又会发生什么事情呢?我的幸运的一天第二季等你们来讲哦。

教学解析

大班是逐步培养幼儿自主阅读的关键期,因为在小中班已经积累了丰富的阅读经验和能力,所以我们先将这本绘本投放在阅读区,让幼儿先自主阅读,在了解、熟悉故事内容的基础上,通过集体活动将幼儿的原有经验进行梳理、提升,充分挖掘故事中有趣、有意、有智的地方,最终帮助

教案篇

幼儿理解故事，提升阅读和表达的能力。

一、切入——恰到好处

　　第一环节是导入环节的设计，主要是激发幼儿兴趣和明确活动主题。活动中我根据幼儿的前期经验（前期经验既包括幼儿对这一绘本的前期阅读理解，又包括幼儿自身阅读能力）以故事的核心为切入口让幼儿说说对"幸运"一词的理解，快速稳定地引发幼儿的谈话兴趣，使教学活动直接进入主题。孩子们说到了生活中"幸运"的例子，让大家明白了幸运是"意料之外的事情突然发生了"，而幸运总是让我们感到惊喜。

　　而故事中的"幸运"却不那么单纯，故事中说的是谁的幸运的一天呢？答案马上就不一样了，有的说是狐狸，有的说是小猪，有的说开始是狐狸再后来是小猪，"到底是怎么回事呢？""幸运也会转变的吗？是怎么转变的呢？这个故事太有意思了。"学起于思，思起于疑。有疑问就会有思考，有思考就会有所得。我将幼儿的前期经验作为切入口，又在幼儿理解的基础上，不仅将幼儿的问题抛给了幼儿，也将幼儿的问题进行了推进，引导他们以点带面整体思考，恰到好处地将幼儿的前期经验和后面的深入理解有机链接。

二、推进——循序渐进

　　这一环节是故事中的重点、难点，而狐狸又是故事中的核心，所以这一环节首先是共同解读、分析狐狸的内心，包括它的喜好、特点，这是幼儿理解故事时发生质的变化的基础。

　　《纲要》中指出，要"创造一个自由、宽松的语言交往环境，支持、鼓励、吸引幼儿与教师、同伴交谈，体验语言交流的乐趣。因为幼儿已经了解了故事内容，所以我在设计这一环节时鼓励幼儿以小组阅读的形式进行有重点的阅读，也就是每个小组主要阅读一个情节点，并通过小组合作的形式将这个情节点的内容表达表现出来。第一组在小组协商的基础上，派出一位幼儿讲述，其他同伴补充发言，其他小组根据画面和幼儿交流的情况，发表自己的想法。第二组幼儿是以轮讲的方式来交流。第三组幼儿以童话剧表演的形式来交流，还有了个临时导演。这样他们不仅能将个体的经验能和群体分享，更能让各组在分享交流的时候产生共鸣，各抒己见，达到取长补短、共同学习的效果。

　　"幸运"这一主线贯穿在随后的每一个情节点的小结之中，我会问"小猪提出了洗澡（吃大餐、按摩）的要求，狐狸为什么会答应呢？（狐狸怎么又答应了呀？）"这就跟前面幼儿分析的狐狸心理、喜好结合起来了，让幼儿能充分的理解。这样狐狸的同意就顺理成章，而狐狸的命运转变、小猪的幸运也就理所应当。这是种思维方式，也是种学习方式。这个环节的设计处理做到了步步推进、循序渐进。

三、提示——水到渠成

　　最终的结果一定是幼儿最想看到的，可是幸运的事情不会每次都发生。我们该给幼儿什么，幼儿在书中又看到了什么，画面的最后一页让我们驻足停留：幸运的小猪回到家在干什么呢？桌上的地图表示什么呢？幼儿读到了小猪的智慧，因为这次的不幸源于自己的迷路，所以错误的事情小猪绝不能犯第二次了，及时的补救才是下次幸运的来源。原来小猪的幸运不仅是源于他的智慧，更是每一次对错误的积累。森林里的故事后续还会怎样的发展呢？《幸运的一天》的第二季还会有些什么趣事呢？孩子们区域里的创编故事就这样就开始了……

这一活动让孩子们在欢声笑语中收获了阅读带给他们的快乐，在生动有趣的画面中收获了阅读带来的成长，在同伴的互动交流中收获了阅读带给他们的每一次积累。

附 故 事

我的幸运一天

一天，一只饥饿的狐狸正准备出门找午餐。

在他修爪子的时候，忽然门外传来一阵敲门声。狐狸打开门，门外站着一只小肥猪。"哎呀，我找错门了！"小猪尖叫起来。"啊，没错，"狐狸喊着，"你找的正是地方！"他一把夹住小猪，使劲地把他拖了进来。"这真是我的幸运一天！"狐狸大声叫道，"什么时候午餐竟然自己送上门来了！"

小猪一边挣扎一边尖叫："放开我！让我走！""对不起，小子，"狐狸说："这可不是一般的午餐呐，这是一顿烤猪肉——我的美味大餐！现在，就到烤锅里去吧！"

"嗯，你知道，我是一只猪，而猪是非常脏的。难道你就不想给我先洗洗澡吗？想一想吧，狐狸先生。""嗯，"狐狸自言自语道，"他是很脏。"于是，狐狸开始忙起来了：他捡树枝，他生火，他拎水。然后，他给小猪痛痛快快地洗了个澡。"你真是个令人害怕的家伙！"狐狸说："现在你是全村最干净的小猪了。给我安静地呆着！"

"嗯，你知道，我是一只非常小的猪。难道你就不想喂饱我，让自己吃得更过瘾一点吗？想一想吧，狐狸先生。""嗯，"狐狸自言自语道，"他确实小了一点。"于是，狐狸开始忙起来了：他摘西红柿，他做通心粉，他烤小甜饼。然后，他给小猪吃了一顿丰盛的午餐。"你真是个令人害怕的厨师！"小猪说"好了，"狐狸说："现在你是全村最肥的小猪了。给我进烤锅吧！"

"可是，你知道，我是一只勤劳的猪，所以我的肉特别硬。难道你就没有想过给我按摩一下，让自己能吃上更嫩一点的烤肉吗？想一想吧，狐狸先生。""嗯，肉嫩一点当然更合我的口味啦！"于是，狐狸又开始忙起来了：他先推推这儿，又拉拉那儿。他把小猪从头到脚又捏又敲。"这真是令人害怕的按摩！"小猪说。"不过，"小猪接着说，"这些日子我确实工作得很辛苦，我的背都僵硬了。你能再用点力吗，狐狸先生？再多用一点点力气就好了。噢，可以了，可以了。现在，再往左边用点力气。""狐狸先生，你在哪儿？"可是，狐狸先生再也听不见了——他累昏过去了，连抬抬手指头的力气都没有了，更别说烤猪肉啦!"可怜的狐狸先生,"小猪叹了口气,"他忙了整整一天!"

然后,村里最干净、最肥、最柔软的小猪,拿着剩下来的小甜饼飞快地跑回家去。"多么舒服的澡!多么丰盛的午餐!多么惬意的按摩!"小猪叫起来,"这真是我最幸运的一天!"

小阿力的大学校

浦南幼儿园　梅芳

设计思路

临近毕业了，小朋友谈论最多的是上小学的事，其中有兴奋，觉得自己长大了；也有担忧，都是不认识的同学、老师和新学校。面对新环境，我们总会产生担心和害怕的心理。帮助幼儿舒缓情绪，快乐面对即将到来的新生活，则是我本次活动想要解决的问题。

绘本《小阿力的大学校》*讲述的是小阿力在上学前后的不同情绪和心理变化，从一开始的担心到最后的快乐，可以让孩子感受到新学校的生活其实是很容易接受的。因为该绘本中的语言很多，所以本活动采取夹叙夹议的方式进行，对重点画面进行了详细的解读，其他的就以教师讲述的方式过渡了。

活动设计

活动目标

1. 阅读故事，理解小阿力上学前后的情绪和心理活动的变化，能用清楚连贯的语言与同伴分享自己的想法。
2. 知道面临新环境时不要害怕或担心，会有许多人、许多办法来帮助自己。

活动准备

1. 教具：课件PPT
2. 学具：图画书

---

* ［英］罗伦斯·安荷特，凯萨琳·安荷特著：《小阿力的大学校》，郭玉芬等译，明天出版社，2009。

教案篇

活动过程

一、观察小阿力的不同表情，激发幼儿的阅读兴趣

1. 结合幼儿的实际体验进行简单交流。

——马上要上学了，你们现在是什么心情？

2. 单独出示小阿力的两种表情对比画面，引导幼儿观察。

（1）观察小阿力开心的表情。

——小阿力要上学了，他是什么心情？你是怎么知道的？

（2）观察小阿力不开心的表情。

——离上学的时间越来越近，小阿力现在的心情变得怎么样？他为什么要担心呢？

过渡：我们想的是不是和小阿力想的一样呢？今天我们就来分享这本《小阿力的大学校》。

二、阅读故事的前半段，感受故事人物的情绪和心理活动

（从故事开始到"乘着风飞上了天"）

1. 教师讲述：星期天的早晨，小阿力一点儿也不想吃早餐，他只是不停地想着那个超级大的学校和学校里那么多的大哥哥、大姐姐们。小阿力跟小鸟们诉说他的心事。

（观察小阿力担心的画面）

——他的心事是什么呢？

2. 教师讲述：忽然，小鸟们骚动了起来。小阿力看到地上有一只新来的鸟儿，那是一只好小好小的麻雀，其他的小鸟正在啄它。小麻雀还不太会飞，也还不懂得怎么照顾自己。这是小阿力见过最小、最脏、最瘦弱，也最灰头土脸的小鸟了，他赶紧叫妈妈出来，妈妈跑过来，挥手赶走了其他的小鸟，然后把小鸟捧进屋里。

（观察小阿力照顾小鸟的画面）

——小阿力为什么要把小鸟带回家？这时候小鸟的心情是怎么样的？

——小阿力是怎么照顾小鸟的？

——小阿力为什么轻声跟小鸟说？他对小鸟说了什么话呢？

——小鸟很害怕，给它东西也不吃，它有点像谁呢？

3. 教师讲述：那天晚上，小阿力做了一个很可怕的梦，梦到自己是一只不会飞的小小鸟，其他的鸟都来欺负他。妈妈给了他一个温暖的拥抱，他觉得心里舒服多了。因为一直担心上学的事，第二天，天还没亮就起床了。他走进厨房的时候，看见小麻雀已经自己跳出鞋盒，稳稳地站在地板的正中央。"它一定是觉得好多了。"妈妈说，"我想我们该让它走了。"就像小阿力一样，这只小鸟也该飞向广大的世界了。于是，小阿力温柔地捧起小麻雀，打开窗户，轻声地说："小麻雀，你该飞走了，要像我一样，好好照顾自己。"小麻雀仰头看着小阿力，好像听懂了小阿力的话，一转身跳上窗台，乘着风飞上了天。

——小鸟稳稳地站在地板正中央,这说明什么呢?这时候的小鸟又是怎么样的心情呢?
——小阿力的心情又会是怎样的呢?

小 结

小鸟虽然被欺负,可是它得到了小阿力的帮助,它变得坚强而自信,最后乘着风儿飞上了天。

三、阅读故事后半段,知道有许多人会帮助自己面临新环境

(从"小阿力要去上学了"到最后)

过渡语:小阿力真的上学了,他在学校会遇到困难吗?在碰到困难时是怎么解决的?有谁帮助了他?我们去书里看看吧。

1. 幼儿自主阅读故事。
2. 重点画面交流。

——小阿力的学校生活怎么样?(引导幼儿根据画面说说小阿力在学校发生的事情)
——谁帮助了小阿力?他们是怎么帮助小阿力的?
——小阿力第一天的学校生活和他以前的想象一样吗?有什么不一样?(梳理出小阿力前后的变化)

小 结

在面临新环境时,我们会紧张、害怕,但一定要放心,因为有许多人会帮助你;同时,我们也要相信自己一定会做得很好,就像小阿力一样,会交到许多新朋友的。

教 学 解 析

这个活动给到孩子的价值是:面对新环境,我们会有担心和害怕,但是其实会比想象中要好得多。小阿力从上学前有心事到入学第一天的快乐及后来的邀请朋友来玩,这里有小阿力心理的变化。这样的过程正契合临近毕业的幼儿的心情,能够让他们产生共鸣,获得心理的疏导。

一、绘本的三个详读情节点

绘本中有三个重点情节:小阿力的心事、救助小鸟、学校的第一天,本活动对这三个重点情节进行了详读。

小阿力的心事就是他有很多的担忧,担心会迷路、担心自己会哭、担心新鞋带不会系,一种对

新生活的未知感让他很担忧,他把心事都告诉小鸟,因为他是一个酷爱小鸟的孩子,小鸟就是他的朋友。这里通过让幼儿观察画面了解了小阿力的心事,这是详读之一。

　　小阿力救助小鸟的情节,看似这个情节比较孤立,只是在小阿力心情糟糕时的一段插曲,但是细细推敲却发现,这是一个非常重要的情节。小鸟的无助受欺负隐喻了小阿力此时对未来学校生活的担忧;他对小鸟的帮助暗示了遇到问题时可能会得到帮助;小鸟在小阿力的照顾下恢复了元气,在他要去上学的早上乘着风飞上了天,小阿力说"要像我一样,好好照顾自己"。这句话能让我们感受到此时小阿力的心态已调整好,他做好了心理准备,是小鸟让他重获信心。因此,这一段也就作为重点环节,是详读之二。

　　小阿力第一天的学生生活是愉快的,遇到了和蔼可亲的老师、交到了朋友、介绍宠物时受到了老师和同学的表扬,这一些快乐的事情在绘本上都清晰地展现在孩子面前。孩子们在自主阅读的过程中,自己的心情也得到了放松,原来学校里的老师、同伴和幼儿园是一样的呀,故事有了完美的结局。因此,这是详读之三。

二、把握重点情节,主问设计到位

　　主问的设计紧紧围绕目标,通过层层递进的提问,让幼儿深入地理解小阿力的心情。比如,在"救助小鸟"的情节阅读中问道:为什么要把小鸟带回家呢?幼儿说要照顾它。为什么要照顾它呢?幼儿说想让它长大、它脏不会照顾自己、受到了欺负等。怎么照顾呢?小鸟什么东西也不吃,有点像谁呢?这些提问一步步的深入,帮助幼儿理解了当小鸟遇到问题时得到了小阿力的帮助。有了这样的深入理解,当进入"小阿力在学校"的环节时,问到谁帮助了小阿力时,幼儿说到得到小鸟的帮助,因为他心情不好的时候遇到了小鸟,让他变得快乐了。甚至有一个孩子说到,因为有了照顾小鸟的故事,小阿力在说宠物的时候可以说到这件事,让他很开心。主问设计的到位能够很好地让幼儿深入理解故事。

三、关注大班幼儿语言的发展

　　大班幼儿要求说话连贯、清楚、有条理,因此在设计中有两处可以让孩子完整表述的画面,一是小阿力有什么心事,二是小阿力是怎么照顾小鸟的。大班的很多幼儿已经有了一定的识字量,所以在讲述时会有阅读文字的现象。这样的阅读本身并没有错,但是对幼儿语言表述的发展来说是有些欠缺的。因此当幼儿阅读文字时老师提出可以用自己的语言来表述,这样可以让幼儿重新进行语言的组织和表述。这对幼儿思维力的发展是一个挑战,也能让幼儿通过"添油加醋",加上自己的想象和理解,起到了促进语言发展的作用。

附故事

小阿力的大学校

小阿力要上学啰!多开心啊!但是小阿力心里还是有一点点不安。

星期天的早上,小阿力一点儿也不想吃早餐,他只是不停地想着那个超级大的学校和学校里那么多的大哥哥、大姐姐们。

于是,小阿力开始希望,要是能一直和妈妈待在家里该有多好。"你就像一只不愿意离开巢的小小鸟啊!"小阿力的妈妈一边说着,一边紧紧地抱住了他。

小阿力把吃剩的早餐带到花园,放在喂食台上,等小鸟朋友们来吃。小鸟们都不怕小阿力,因为小阿力不但像它们一样小,还知道怎么一动也不动地站着。这个星期天的早晨,小阿力跟小鸟们诉说他的心事。小阿力告诉小鸟们他要上学了。他告诉小鸟们他好担心会在学校里迷路,说不定还会忍不住哭起来。他告诉小鸟,妈妈买给他的新鞋子有好难系的鞋带。"我多么希望自己是一只鸟啊!"小阿力说,"那样,我就再也不用担心上学的事或麻烦的鞋带了。"

忽然,小鸟们骚动了起来。小阿力看到地上有一只新来的鸟儿,那是一只好小、好小的麻雀,其他的小鸟正在啄它,想要把它赶走。小麻雀还不太会飞,也还不懂得怎么照顾自己。这是小阿力见过最小、最脏、最瘦弱,也最灰头土脸的小鸟了。小阿力赶紧叫妈妈出来。小阿力的妈妈跑过来,挥手赶走了其他的小鸟,然后把小麻雀捧进屋里。厨房里很暖和,小麻雀却仍然浑身颤抖。小阿力找来装新鞋的盒子。他用棉花铺了一张床,轻轻地把小麻雀放进去,小阿力感觉到小麻雀的心正怦怦地跳着。然后,小阿力给小麻雀一碗水和一小块面包;但是小麻雀一点儿都没吃。于是,小阿力坐下来,轻声地跟小麻雀说话。一整天,小麻雀都待在盒子里,骨碌骨碌转动的大眼睛一直望着小阿力。

小阿力的妈妈也在这一天准备好小阿力第二天上学要用的东西。她把小阿力的名字写在他的衣服上、书包上、铅笔盒上,还有那双鞋带很难系的新鞋子上。

那天晚上,小阿力做了一个很可怕的梦,他梦到自己是一只不会飞的小小鸟,其他的鸟都来欺负他。小阿力醒来,看到妈妈走进房间,给了他一个温暖的拥抱,小阿力觉得心里舒服多了。

小阿力一直担心着上学的事。第二天,天还没亮他就起床了。小阿力已经把小麻雀的事忘得一干二净。他走进厨房的时候,看见小麻雀已经自己跳出鞋盒,稳稳地站在了地板的正中央。"它一定是觉得好多了,"妈妈说,"我想我们该让它走了。"就像小阿力一样,这只小鸟也该飞向广大的世界了。于是,小阿力温柔地捧起小麻雀,打开窗户。小阿力轻声地说:"小麻雀,你该飞走了,要像我一样,好好照顾自己。"小麻雀仰头看着小阿力,好像听懂了小阿力说的话,一转身跳上窗台,乘着风飞上了天。

教案篇

  吃完早餐，小阿力背起新书包，小阿力要去上学了！

  小阿力的老师姓贝瑞，很和蔼，贝瑞老师带着小阿力认识环境，告诉他外套该挂哪里，厕所在什么地方，洗手池、颜料、图画纸、电脑、娃娃家等，还有图书角。小阿力找到一本大书，讲的都是小鸟的事呢。

  有些小朋友也是新生。过了一会儿，一个小男孩过来和小阿力一起看书，于是，小阿力有了第一个新朋友。吃完午饭，贝瑞老师和全班小朋友谈论小动物的事，她问大家有谁养宠物。黛萍家有一只狗；凯儿养了一只猫；小杰的宠物是一只沙鼠；小丽养了一条虫；小强和阿珍是一对双胞胎，他们养了一只乌龟。小阿力觉得非常有趣。"你有宠物吗，小阿力？"贝瑞老师问。小阿力想了一会儿，然后慢慢地站了起来。他用很小的声音，告诉班上小朋友他在花园里喂小鸟的事，后来又说到那只可怜的小麻雀，以及他是如何将小麻雀放在鞋盒里，直到它能够飞翔为止。小阿力讲完故事，贝瑞老师为他鼓掌，所有的孩子也都拍起手来。小阿力坐下来的时候，整个脸都红了，但他是全班笑得最开心的。

  那天晚上，小阿力又做了一个梦，但这次的梦一点儿也不可怕，在梦里小阿力就像小鸟一样飞过屋顶，飞过花园，飞过城市，而且一直飞过小阿力的大学校。小阿力和小鸟们高高地飞在天上，还翻个了跟头，越过了月亮。几天后，小阿力从学校带着新朋友来家里玩。他们在花园里跑过来、滚过去，全身弄得脏兮兮，可是小阿力的妈妈一点儿都不在意。小阿力和他的朋友还在花园里野餐，他们的肚子好饿。小鸟也都飞来争着吃面包屑。

  突然，小阿力看到一只几乎和鞋盒里的小麻雀长得一模一样的鸟，但是小阿力不太敢确定，因为这只麻雀看起来比较大、比较勇敢，也比较快乐，而且它还有好多好多的朋友。就像小阿力一样！

活动 3-10

谁是蛀虫的朋友

海贝幼儿园　孙丽芬

设计思路

到了大班阶段，由于成人都认为此时的孩子已经是大孩子了，在生活方面的指导比小班中班阶段要少很多。但其实，大班的孩子还是需要成人在生活方面给予关注，仅仅从内容上来说是与小班、中班阶段有所不同而已。特别强调的是，在集体活动中有关生活的内容依然必不可少。例如，在大班特有的孩子生理阶段——换牙，很多孩子已经有了相关的经验和过程。这时有一个这样的活动对孩子的发展很有必要，也是至关重要的。

选择《谁是蛀虫的朋友》*这个绘本还有一个非常重要的意义。教材本身把蛀虫危害牙齿的这样一个生活常识，用有趣、可爱、拟人化的图片来告诉幼儿，并为幼儿所接受。

活动设计

活动目标

1. 观察画面中蛀虫的动态，了解蛀虫对牙齿的危害，能用连贯的语言表达对里面内容的理解。
2. 感受保护牙齿的重要性。
3. 学习保护牙齿的方法。

活动准备

课件PPT、自制两人一张连环画

---

* ［日］七尾纯著，今井方子图：《谁是蛀虫的朋友》，猿渡静子译，南海出版社，2010。

教案篇

活 动 过 程

一、说说我们的牙齿

（一）认识牙齿

（出示牙齿模型）

1. 看！这是什么？

2. 你们都认识牙齿，牙齿有上牙、下牙。那么牙齿和牙齿的中间叫什么？牙齿上下粉红色的地方叫什么？

（二）牙齿的作用

每个人都有牙齿，牙齿有什么用呢？

辅助提问：

（1）你们听过牙齿掉落很多的瘪着嘴的奶奶说话吗？（也可以教师模拟）你听了有什么感觉？

小 结

牙齿少了，讲话就说不清楚。所以，有健全的牙齿还可以帮助我们把话说清楚。

（2）这两张照，同样是老太太，看上去哪一位年轻些？

小 结

有一付洁白整齐的牙齿，看起来年轻又漂亮。

二、谁是蛀虫的朋友

（一）观察画面——蛀虫的新家

1. 这就是蛀虫。蛀虫说，"大家好，我是蛀虫。我工作起来非常卖力哦！今天，我们要搬新家了。想知道我们搬到谁家吗？"

2. "小冬的嘴就是我们蛀虫的家。想知道我们是怎么工作的？"学习蛀牙的动态，三个字用云记号呈现——"铲、戳、钻"。

3. 理解第一段故事

——我们蛀虫的工作，就是把小冬的牙齿变成蛀牙。牙齿很硬，所以，我们要用铲子铲呀铲，叉子戳呀戳，钻子钻呀钻。大家齐心协力一点一点把牙齿钻出大洞来，工作可辛苦了。

（二）观察画面——蛀虫难对付

1. 蛀牙一直在小冬的嘴里，我们快告诉小冬："小冬，你的牙齿里有蛀虫，你牙齿快被蛀空了。"小冬说,"我每天早上都刷牙,刷刷刷,刷刷刷,咕噜噜——噗!你们看我是怎么刷牙的,绝对不会有蛀牙。"你们说小冬刷过牙了还会有蛀牙吗?有不同意见吗?

2. 有的说刷牙能赶走蛀虫,有的说不一定。到底蛀虫会被赶走吗?

3. 蛀虫被赶走了吗?为什么小冬已经刷了牙,蛀虫还没赶走呢?

小结:原来小冬刷牙不认真,三下两下很快刷完。可是,蛀虫没那么容易赶走,牙缝、牙龈,到处是它们躲藏的地方。

4. 小冬在刷牙,蛀虫们在牙齿里干什么?(说观察动态)

5. 理解第二段故事

——蛀虫们有的爬在牙刷上滑滑梯;有的在牙膏泡泡里洗泡泡浴;有的在跳舞;有的躲在牙缝里;还有的躲在牙缝里玩捉迷藏游戏呢!哈哈!它们把小冬的嘴巴当成游乐场,玩得可高兴了。

(三)观察画面——蛀虫喜欢的朋友

1. 蛀虫喜欢和小冬做朋友,除了小冬不认真刷牙,还有什么原因让蛀虫喜欢冬冬,请你们到小图书里去寻找答案。

2. 交流阅读感受

——小冬喜欢吃甜食;饭后不漱口;睡觉前吃糖后又不刷牙;不爱吃蔬菜;喜欢用牙齿咬指甲;牙齿坏了也没有及时请牙医补牙。因为有这么多的坏习惯,蛀牙在新家里生活很开心,不想离开小冬。

过渡:现在,你们知道,谁是蛀牙喜欢的朋友。

(四)讲述故事——蛀虫的厉害

1. 你们认为和蛀虫成为朋友会开心吗?对,不开心。因为蛀虫是破坏牙齿的凶手!那么蛀虫到底是在什么时候破坏牙齿的,又是怎么破坏的?

2. 讲述故事

——小冬的嘴里到处流着甜甜的汁,我们就添啊添。小冬吃完饭不漱口,牙齿和牙齿中间,牙齿和牙龈中间,留下很多饭渣菜渣,让我们吃得饱饱的。然后,我们的身体从一个变两个,两个变四个……伙伴多又多,蛀成一个个洞。蛀牙大哥说:"我们终于成功了!"

提问:他们是怎么破坏小冬的牙齿?我们来学学看,那小冬会有什么感觉。

三、不和蛀虫做朋友

(一)观察画面——冬冬大哭

1. 看,冬冬怎么了?为什么大哭?

小结:原来,厉害的蛀虫是破坏牙齿的凶手。小冬咧开嘴号啕大哭。

2. 冬冬在哭叫时,蛀虫们的表情怎样?为什么笑?

小结:我们蛀虫辛苦工作就是要让冬冬嘴里长蛀牙。我们成功啦!我们最喜欢冬冬这样不懂保护牙齿的朋友。

教案篇

3. 听！蛀虫在对我门说什么！"小朋友,你们喜欢和我们做好朋友吗?"

4. 你们不喜欢,冬冬也不喜吹。所以冬冬正在号啕大哭呢！你们愿意帮他吗？请你们回去和爸爸妈妈一起讨论,要改掉哪些坏习惯,才能远离蛀虫,不让蛀虫在牙齿里安家呢？请你把保护牙齿的方法用笔画下来,明天来告诉冬冬,还要教冬冬怎么正确刷牙。

四、延伸活动

1. 交流自己画的保护牙齿的方法。
2. 讨论如何刷牙才是正确。
3. 看沙漏,学正确刷牙三分钟。

教学解析

这是一个来自日本的绘本,故事中的小朋友爱吃甜食、不爱刷牙,似乎和很多小朋友一样。所以在设计的过程中,不断地引发幼儿对爱牙、护牙方面的经验,引发幼儿之间的共鸣。

活动的第一部分"认识牙齿"不仅仅起到一个导入的作用,也是让幼儿能够通过看看说说来发现有一口健康牙齿的美观、方便,以及没有牙齿的痛苦。用一种比较的方式让幼儿比较直观地看到这些。

活动的第二部分是正式进入绘本的阶段,由于原绘本中运用了蛀虫第一人称的写作手段,所以在教学设计中也是沿用了这个方式。这么做的优点可以让孩子俯视整个口腔中蛀虫的动态,看到这些蛀虫的动态,孩子们既觉得好玩又觉得讨厌。这时设计中恰到好处地加入了一系列蛀虫的动态,画面虽然生动有趣,但是动态的画面比较多,对大班的孩子来说观察到蛀虫动态的每一个细节还是有一定难度的。此时,幼儿之间的交流变得尤为重要,怎么用一个字来表达？如何以单个动词的形式出现？重点在于幼儿之间的交流和讨论,在这个过程中幼儿收获了动作和动词之间关联的经验,还收获了同伴之间互相倾听、相互促进的情感体验。

活动的重点部分采用了扩展的方式,增加了6张小朋友不注意用牙卫生的图片,让幼儿通过看看、说说,整理了常见的不健康用牙习惯。这个环节的设计也弥补了原绘本设计中所缺少的小朋友行为,具有整合作用。

总体,这样的活动设计对重点难点的分析、把握比较到位,也正因为找准了重点和难点才使得教师对活动的难易、主次掌控鲜明。对整个活动的节奏把握较好,生动有趣但不做作,使幼儿的情感得到了百分百的投入。

附 故 事

谁是蛀虫的朋友

"大家好！我是蛀虫！工作起来非常卖力哦！我的家住在小冬的嘴里，我有很多好朋友一起生活在那里，我们蛀虫的工作，就是把小冬的牙齿变成蛀牙。牙齿很硬，所以，我们要用铲子铲呀铲、叉子戳呀戳、钻子钻呀钻。大家齐心协力一点一点把牙齿钻出大洞来，工作可辛苦了。"

小冬说，"我每天早上都刷牙。刷刷刷，刷刷刷，咕噜噜——噗！你们看我是怎么刷牙的，绝对不会有蛀牙。"可是，蛀虫们有的爬在牙刷上滑滑梯；有的在牙膏泡泡里洗泡泡浴；有的在跳舞；有的躲在牙缝里；还有的躲在牙缝里玩捉迷藏游戏呢！哈哈！它们把小冬的嘴巴当成游乐场，玩得可高兴了。小冬喜欢吃甜食；饭后不漱口；睡觉前吃糖后又不刷牙；不爱吃蔬菜；喜欢用牙齿咬指甲；牙齿坏了也没有及时请牙医补牙。因为有这么多的坏习惯，蛀牙在新家里生活得很开心，不想离开小冬。

"小冬的嘴里到处流着甜甜的汁，我们就舔啊舔。小冬吃完饭不漱口，牙齿和牙齿中间，牙齿和牙龈中间，留下很多饭渣菜渣，让我们吃得饱饱的。然后，我们的身体从一个变两个，两个变四个……伙伴多又多，蛀成一个个洞。"蛀牙大哥说："我们终于成功了！"

原来，厉害的蛀虫是破坏牙齿的凶手。小冬咧开嘴号啕大哭。"小朋友，你们喜欢和我们做好朋友吗？"

七只瞎老鼠

常熟幼儿园　王佳圆

设计思路

第一次看到绘本《七只瞎老鼠》*,你一定会被它的名字所吸引,翻阅之后你便不禁感叹:哦,原来就是《盲人摸象》的故事,只是民间故事里的盲人变成了这里的七只瞎老鼠。再者,每一幅画面在黑色背景的衬托下,鲜亮的颜色也非常吸引人,同时简洁的画面使幼儿更能够关注到形的相似与对比的想象上。

此时,我脑海中闪过的第一个念头就是,可能很多孩子都听过《盲人摸象》的故事,所以如果我们再把重点落在故事情节的理解上就没有意义了,那么到底如何定位目标?既然作为一堂阅读活动,一定会凸显和培养幼儿阅读领域的能力,如观察、理解、表达、想象等等。再回到绘本,我们发现,虽然每一只瞎老鼠摸到的只是一部分,但透过他们精准的描述,把所有的信息收集到一起,我们似乎也能推断出这个整体。所以,对于已知信息的描述和收集也是非常重要的,这也会对幼儿将来的学习提供很大的帮助。

因此,我们试图通过活动中游戏环节的设置来考验幼儿观察、表达、倾听、推理多方面的能力。同时,也拓展了阅读活动的形式,跳出绘本但又不脱离主旨,试图让阅读变得更多元、更精彩!

活动设计

活动目标

1. 理解故事,倾听、推断瞎老鼠表述的信息,体会整体把握事物的重要性。
2. 尝试用语言来具体描述事物的外形特征,感受描述的生动性和逻辑性。

---

* [美]杨志成著:《七只瞎老鼠》,河北教育出版社,2008。

活动准备

课件PPT,自制动物游戏画板若干

活动过程

一、听故事

1. 问题导入

——今天我说的故事里有一位特别的动物朋友,这位动物朋友有一条细细长长的尾巴,你觉得它会是谁呢?

(点击播放老鼠尾巴的图片)引导幼儿进行猜测。

——看来一条尾巴不足以让我们看清楚它,教师进一步通过儿歌让幼儿猜测。

——是呀,老鼠,而且不只1只,这7只老鼠有什么特别的地方?

过渡:7只瞎老鼠在一起,它们出门又会遇上什么样的事儿呢?我的故事就从这儿开始了,请你们一起来听故事。

2. 讲述故事

教师一边讲述一边播放多媒体课件。(故事开头——蓝老鼠说:"什么都不是,它只是一根绳子。")

3. 引疑激趣

——瞎老鼠眼睛看不见,它们用什么办法来认识事物?

——你们还记得它们每个人都说了些什么吗?(回忆不同老鼠所描述的物体)

——为什么他们遇到了同一个怪东西,可是大家说得都不一样呢?

——你们来猜一猜,瞎老鼠们遇上的到底会是什么?

过渡:看来,多看多想,把收集到的信息汇总到一起,有时候也会让我们变得更聪明,找到那个正确的答案。你们愿不愿意来试一试,挑战一下?

二、做游戏

1. 集体游戏(我说你猜一)

规则:请四位朋友上来,分别观察老师准备好的动物画板,每人只能选择图片上的某一部分进行观察并进行简单描述,不能重复,不允许说出动物的名称。让朋友们来猜猜图片上的内容。

2. 分组游戏(我说你猜二)

规则:将幼儿分成两组,分别给每组幼儿一张准备好的动物画板。幼儿观察并商定依次描述

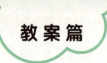

图片上的各个部分,不能重复,不能说出动物的名称,请另一组的幼儿来猜一猜。

三、揭谜底

你们真棒,不仅能看得仔细,还能说得清楚,让别人也能听得明白。不过,故事里的白老鼠还是很想自己亲自去摸一摸,它想弄明白到底是不是和他们说的一样?所以第七天,它也出门了!(继续讲述故事最后一段)

小结:六只瞎老鼠听了白老鼠的话,他们也开始从这头跑到那头,从上边跑到下边,他们也恍然大悟,啊!你们知道它们明白了一个什么道理吗?

教 学 解 析

一、从绘本走向生活,从理解走向运用

在设计七只瞎老鼠活动之前,其实最困扰我的问题是这个故事改编自盲人摸象,如此经典的故事对于大班孩子来说往往都耳熟能详,那么如果活动的重点只是落在理解故事、读懂画面,未免有些失去了挑战。如何拓展阅读活动的教学方式也是我们经常思考的问题。而我们最熟悉的那句话就是"以学定教",所谓"以学定教"就是依据学情确定教学的起点、方法和策略。这里的学情包括学生(幼儿)的知识、能力基础、年龄特点、对新知的情绪状态等学习主体的基本情况。而"定教",就是确定教学的起点不过低或过高,在恰当的起点上选择最优的教学方法,运用一定的教学艺术,让每一位学生(幼儿)达到最优化的发展。

因此,每一堂活动的设计与调整一定离不开幼儿。而我之所以针对这个素材选择设计了一系列的语言游戏,也是基于孩子的发展需要和年龄特点的考虑,与其说我要让孩子记住每一只老鼠到底看到了什么、摸到了什么,还不如更希望他们能够通过自己的观察、描述来推断分析事物。这也就关系到所谓知识学习和知识运用的问题。

二、游戏设计源自幼儿,源自绘本素材

在游戏设计的过程中,其实老师也在不断地思考,什么样的游戏内容是最贴切这个活动的,是能带给孩子更大的发展的。就这个绘本,你会挖掘哪些价值点?比如局部与整体,这不免会让我们想到拼图游戏,但再细细一想,拼图游戏并不一定适合一堂以语言为核心的阅读活动。对于拼图,它更讲究的是图案之间的比对、观察,而且完全可以投放到低结构中展开。

因此之后我们又调整并设计了一个"我翻你猜"的游戏,将一个动物分割成若干块用板盖住,之后幼儿可以依次提出翻开某一块,直至推断出教师呈现的是什么动物。这考量的是幼儿对于动物局部特征的把握和之间的联系,用排除的手法渐渐推断出最终的答案!但这个游戏的设计,在玩的过程中运用到的还是以看为主,幼儿可以不用表述,通过看来推断,那么这对幼儿的语言组织能力和表述能力并没有任何大的提升。由此,我们想到了是否可以将看——猜转变为"看

了之后我来说,你来猜"这样一个环节,既包含了局部和整体的把握,又要求幼儿表述清楚自己看到的部分,而猜的幼儿也必须建立在仔细倾听的基础上并且整合这些信息来进行最后的推断。当然,游戏过程中还包含了对大班幼儿非智力因素的考量,如合作协商能力、团队意识、倾听习惯等等,这似乎更贴近于这个绘本素材,也更贴近此阶段大班幼儿的特点和发展需求!

三、从教师的"教"转为幼儿主动的"学"

你会发现很多孩子,看得懂绘本内容,但未必说得清,还有的孩子在描述的时候不会抓重点,反复啰嗦,甚至有些根本不知道如何转述自己知道的事情,但这一能力对于幼儿今后的发展又是迫切需要的,最重要的是这恰恰是贴合这个绘本素材的内容。幼儿的语言学习并非鹦鹉学舌式的学习,而是幼儿在一定情景下,在运用中提升自己语言的习得和表述。因此,抓住这个价值点,我们设计了这样的游戏环节。

幼儿在玩的过程中也是兴趣盎然。因为有挑战,所以有激情,因为有碰撞,所以火花不断!无论是同伴互动,还是师幼互动,都在一点一滴地帮助大家调整自己表述的方法及整合信息的能力等。通过游戏的方法,不知不觉地使幼儿得到了更多的发展。同样,也使原本枯燥的讲述变得更有趣,更具有实际运用的价值。

当老师提出最后一个问题:六只瞎老鼠听了白老鼠的话,他们也开始从这头跑到那头,从上边跑到下边,他们也恍然大悟。你们知道他们明白了一个什么道理吗?来听听幼儿的回答,幼儿A:"如果再有一样东西出现,我要从上到下摸下去。"他似乎明白了观察的方法。幼儿B:"要仔仔细细地摸一遍。"他强调了除了从上到下,还要非常认真,这是一种态度的习得。幼儿C:"我们要团结起来,把信息加到一起!"他甚至把老师要说的话都提到了,从教师的"教"变成了幼儿主动的"学",从教师的预设到幼儿的生成,教师通过过程中的梳理、提升帮助幼儿从现象到本质,也体现了幼儿绘本学习的精髓。

一本绘本能给予我们的远远不止画面上的这些符号信息,也绝不仅仅是那几句文字,就看我们如何去读懂它、读透它。再来想想当下我们的孩子他们最需要的又是什么?让教学方式变得更多元;让绘本滋养幼儿的心灵;让阅读陪伴幼儿的一生!

附 故 事

七只瞎老鼠

有一天,七只瞎老鼠在池塘边发现一个怪东西,他们吓了一跳,大声叫起来:"这是什么东西呀?"然后急急忙忙跑回了家。

星期一,红老鼠第一个出来,想"看"个究竟。

"是一根大柱子。"红老鼠说。可是,谁也不相信他的话。

星期二,是绿老鼠,他第二个出来。"是一条蛇。"绿老鼠说。

"才不是呢!"星期三出来的黄老鼠说。

"是一只矛。"黄老鼠说。他是第三只出来的老鼠。

星期四,轮到紫老鼠了。"是一座峭壁。"他说。

星期五,是橙老鼠,他第五个出来。

"是一把扇子,"他叫起来,"我觉得它还在扇风呢!"

第六个出来的是蓝老鼠。

他是星期六去的,他说:"什么都不是,只是一根绳子。"

其他老鼠都不同意,他们开始争吵起来。

"是一条蛇!"

"是一根绳子!"

"是一把扇子!"

"是一座峭壁!"

直到星期天,轮到白老鼠去了,他是第七只去池塘边的老鼠。

白老鼠从怪东西的这一边跑到了那一边,又从怪东西的上边跑到了下边。

"哈,"白老鼠说,"现在我知道了,这个怪东西——

硬得像柱子,软得像条蛇,宽得像峭壁,尖得像只矛,薄得像扇子,粗得像绳子,不过嘛,合在一起的话,这个怪东西就是———头大象!"

红老鼠、绿老鼠、黄老鼠、紫老鼠、橙老鼠、蓝老鼠,都从大象的这一边跑到那一边,又从上边跑到了下边。他们这才相信了白老鼠的话,也明白了一个道理。

老鼠们的教训:

七只老鼠摸大象,以偏概全闹笑话。

事物整体要了解,人生智慧才增加。

活动 3-12 肚子里有个火车站

华林幼儿园　郏秀丽

设计思路

《肚子里有个火车站》讲述的是发生在小女孩茉莉亚肚子里的故事。一群勤劳的精灵每天都辛苦地工作着,用火车将养料送到全身。突然有一次,饥饿的茉莉亚吃饭时狼吞虎咽,还吃了许多冷饮。这让肚子里的精灵们痛苦不堪,火车也停止了工作。这样的科学绘本将消化系统形象地形容为火车站,风趣而幽默地告诉幼儿养成健康饮食习惯的重要性。

进入大班,幼儿的生活自理能力加强了,但自制能力相对较弱。面对各种美食和冷饮的诱惑,他们都会狼吞虎咽,暴饮暴食,也不知道会有怎样的不良后果。由于对自己的身体和消化系统缺乏了解,他们也时常在幼儿园午餐时暗自较劲,时常以吃得快为荣。因此,在《我自己》的主题背景下,借助此绘本,让幼儿知道只有细嚼慢咽、合理饮食,才会让肚子里的火车站正常运行。帮助孩子们养成良好的饮食习惯,知道要保护自己肚子里的火车站(消化系统),这对大班初期的孩子而言,也是非常有价值的。

这是一个情节性比较强的故事,在集体阅读时重点帮助幼儿了解消化食物的简单过程,知道肚子里的火车站的神奇作用和"小精灵"的功能。在自主阅读的过程中,可以让幼儿充分地感受茉莉亚的行为对小精灵和火车站造成的不良影响。以茉莉亚正常状态和暴饮暴食状态下肚子火车站的变化作为线索,在比较和梳理的过程中借助表格和图符进一步加深幼儿对故事的理解,加强幼儿与故事的互动,内化主题,从而进一步达成目标。

活动设计

活动目标

1. 仔细观察画面,理解肚子火车站里发生的有趣故事情节,并能用较完整的语言表述。
2. 有探究食物消化过程的兴趣,知道吃饭时要细嚼慢咽,不暴饮暴食。

＊ [德]鲁斯曼·安娜著/绘,[德]舒尔茨·史蒂芬绘,张振译,北京科学技术出版社,2011。

3. 初步了解人体消化系统和消化食物的基本过程。

活动准备

课件PPT、小图书、图符和记录表格

活动过程

一、导入部分,激发兴趣

重点提问:

1. 孩子们,你去过火车站吗?

2. 那里有些什么?

过渡:火车站是个热闹的地方,有个女孩叫茱莉亚,和你们一般大,在她的肚子里也有个火车站。

二、观察理解,集体阅读

(操作说明:如阅读画面第几幅到第几幅,出示相应图片。)

重点提问:

1. 看看肚子里的火车站有些什么?有什么用处呢?

2. 肚子火车站的精灵们平时都在忙些什么?你觉得这是一群怎么样的小精灵?

3. 说到这里,你们应该知道肚子里的火车站到底是什么了吗?(胃)

4. 什么叫狼吞虎咽?你觉得这样吃饭好吗?为什么?

(小结语或过渡语)

三、自主阅读、猜测解疑

(操作说明:如阅读画面第几幅到第几幅,出示相应图片。)

重点提问:

1. 一大团的食物掉到火车站会发生什么事情?发生了这样可怕的事情,小精灵还能工作吗?为什么?

2. 这还不是最糟糕的,接着又发生了什么?吃了这么多冷饮,小精灵们会怎么样?火车站会怎么样?

3. 你们刚才都说小精灵很勤劳、很能干,怎么现在都不愿工作了呢?

4. 如果精灵们都不能继续工作了,会有什么后果呢?

5. 有什么能让小精灵重新快乐地工作起来,也让茱莉亚好起来呢?

（什么时候需要使用图符和表格呢？要体现出来）

四、完整欣赏、分享交流

1. 欣赏故事结尾部分
2. 这本好看的小图书名字叫什么？

小结：孩子们，马上就要到吃饭的时间了。待会回到教室和你的好朋友一起讨论一下怎么保护肚子里的火车站？怎么让肚子里的小精灵每天都快乐地工作？

教学解析

一、素材的选择符合幼儿的生活背景，推进幼儿新旧经验的连接

该素材与幼儿的生活背景相吻合。一方面现代都市幼儿的物质生活是比较富足的，各种食物和美味可口的零食都对孩子产生着诱惑。随着年龄的增长，大班幼儿的食欲也开始增强，但相对于这个年龄的孩子，其自制能力又是比较弱的。另一方面，大班幼儿对自己的身体有一定的了解，也有一定的与饮食相关的生活经验，但是神秘的消化系统隔着肚皮，孩子们无法直观地观察和认识，即使借助人体模型，深奥的人体解剖知识也是大班孩子所无法理解和接受的。而该素材的巧妙之处就在于将这两个矛盾点交织在一起，帮助幼儿在初步形象地了解人体消化系统的基础上知道养成良好饮食习惯的重要性。

二、活动的设计凸显大班幼儿的年龄特点，促进幼儿自主学习和探索

整个活动借助绘本，运用了集体欣赏、自主阅读、讨论交流等形式，逐步分解和落实重难点，积极鼓励大班幼儿自主探索和学习。从初步理解消化系统的运行模式——对消化系统在暴饮暴食情况下可能产生的情况进行猜测——通过自主阅读寻找答案等过程，帮助幼儿探究科学绘本的趣味和奥秘。整个活动围绕故事情节，步步推进，让幼儿带着问题去思索，带着思索去阅读，在阅读中寻找答案、在阅读中获得快乐。

三、发挥图符和表格在阅读中的作用，为幼儿自主学习搭建扶梯

活动中教师几次根据故事情节的主要脉络进行梳理，帮助幼儿逐步理清思绪。在集体阅读的环节中，教师利用图符将食物消化的基本过程罗列出来。一方面帮助幼儿初步建立相关科学经验，另一方面也为后面的环节做好铺垫。在自主阅读过程中，利用图符、通过表格将"正常饮食情况下的火车站和小精灵们的情况"、"狼吞虎咽饮食时火车站和小精灵们的遭遇"以及"狂吃冷饮后火车站和小精灵们的情况"进行了梳理和分析，由浅至深、步步推进，帮助幼儿建构了新的经验，了解了正确的饮食习惯的重要性，避免枯燥的说教，浅显易懂，让幼儿明白了相关的科学道理。

附故事

肚子里的火车站

有个小女孩,名叫茱莉亚。在她的肚子里有个神奇的火车站,还住着许多肚子小精灵,他们的工作可有趣了,要把每天吃到肚子里的各种各样的食物弄成泥,然后加上水,装上火车。瞧,装满食物的火车出发了,门卫打开大门,火车就开到一个叫小肠的地方去了,在那里食物就能被身体吸收了。听,茱莉亚的肚子发出了一种声音,原来是她肚子饿了。看!肚子里的小精灵正在一边打呼噜一边睡觉呢,这个声音就是它发出的。茱莉亚狼吞虎咽地吃起饭来。很快,一大团面条掉进火车站里,小精灵们立刻醒了,他们从自己的家里爬出来,准备工作,他们可都是些勤劳的小家伙。可是,这次的情况让他们吓了一大跳,又粗又长的面条落下来,把他们缠住了;整片的菜叶飘下来,像被子一样把他们包住了;大肉块沉甸甸的,像石头一样到处乱滚。火车站里乱哄哄的,小精灵们可生气了。他们生气地说:"这个茱莉亚根本就不嚼碎,这些食物太大了,叫我们怎么办!"尽管生气,可小精灵们还是辛苦地工作。食物越来越多,堆得像小山一样。小精灵们都忙不过来了,心里可着急了。正在这时,突然刮起了一阵寒风,一堆堆冰雪哗啦啦地喷到了火车站,原来是茱莉亚吃的香草冰激凌和草莓奶昔。火车站里的温度越来越低,火车也被冻住了,小精灵们生气地说:"太过分了,我们受不了了!"小精灵们开始抗议了,他们喊着口号,气呼呼地砸墙、使劲跺脚,这下茱莉亚可惨了,她的肚子开始疼起来了。茱莉亚生病了,因为她吃得太多太快了。终于,小精灵快被冻僵的时候,冰雪开始融化了,一阵温暖的雨从天而降,小精灵们欢呼着!原来茱莉亚正躺在床上喝热水,肚子上还放着一个热水袋。过了很长一段时间,火车站的温度开始慢慢升高,小精灵们又开始工作了。茱莉亚感觉好多了,肚子也不疼了,她高兴地翻了好多跟头。肚子火车站的小精灵们感觉好像坐上了过山车,它们已经分不清哪里是上、哪里是下了!

感悟阅读

反思篇

巧借故事情境丰富小班幼儿情感体验

常熟幼儿园　王佳圆

作为一名幼儿教师，也许我们无法为孩子创编一个经典的童话故事，我们可能也不具备作家那般神奇的创造力和想象力，但我们却可为幼儿选择，找寻那些经典的读本、有趣的故事，和我们的孩子共同分享、共同解读。带给他们一份心情，让他们获得一份体验，也许在他们的生命历程中也会有潜移默化的作用。

对于小班幼儿而言，难以感悟情感性较强的故事题材。因为他们的生活经验较粗浅，社会情感较淡薄，对他人的情感基本体会不到，或者说体会不深。同时情感流露往往是自我的，易于表达自己的情感，高兴时笑，生气时大发脾气，特别是对于如今这些集万千宠爱于一身的幼儿而言更是如此。因而选取不同的故事文本，通过阅读，慢慢地帮助幼儿提升生活经验，让他们渐渐学会关注周边的人，体会到关爱并且学会爱也是非常有意义的。教师可以采用以下四种方式来实现与幼儿的共同分享解读。

一、寻找生活的原形，获取情感的共鸣

绘本《帮妈妈》讲述的是一只可爱的小袋鼠经历了从依赖在妈妈的育儿袋里，到下地自己行走，看到妈妈累了拿出手帕替妈妈擦汗，直至最后帮妈妈提篮子，手拉着手一起回家的温馨小故事。

从内容上来说是非常贴近幼儿生活的，孩子们都有被妈妈抱的经历，即使没有去过菜场，也知道买菜是怎么一回事。因此，幼儿对于故事内容的理解并没有困难。从故事的情感来看，体会到妈妈的辛苦也是比较浅显的，这样的情感经验对幼儿来说可能是比较零碎的。那么通过故事，将幼儿的经验整合起来，从小袋鼠的身上学到了一种关爱，体味一份浓浓的亲情，也激发了幼儿对于自己家人的情感。

在解读过程中，教师注重对图片的观察，引导幼儿表述出图片上的内容，进一步理解图片内容，并通过角色扮演很容易就找寻到和角色情感上的共鸣点。这一类故事是比较容易被小班幼儿接受的，也能够立刻从生活中看到孩子的点点滴滴的改变。

二、貌似简单的故事，蕴含升华的情感

绘本《鼠宝宝做客》讲述的是一只小老鼠来到奶奶家做客，奶奶热情地招待鼠宝宝，最后它

反思篇

再次敲开奶奶家的门,只为了把好吃的糖果也送给奶奶。一个很简单的故事,没有什么煽情的话语,也没有什么华丽的词藻,可能某一个场景、一句话就足以引起成人的感悟。但对于孩子而言,它是有些难以体会到的。相对于前一类的故事,它的很多情绪变化是藏于文字中的,也许要通过人物的表情慢慢引导幼儿来体味人物内心深处的心理活动。

如今的孩子常常受到祖辈或者家人太多的关爱,而很少会想到要把好东西与家人共同分享,因而孩子很容易理解之前的故事情节,但教师要做的可能就是突出人物的情感和心理活动。宝宝去做客,奶奶是那么开心,招待宝宝时,奶奶又是那么热情,也就与之后宝宝离开时奶奶失落的表情形成鲜明的对比。

小班幼儿在阅读图片时,难以自主将前后情节联系起来,往往是单一、孤立地来观察、解读。此时,教师也是一个很重要的角色,通过一些提问触发幼儿的思考,从故事情节的发展来探究其中的原因,让幼儿体味到文字背后的内容。直到最后鼠宝宝离开后又一次敲响奶奶的门,孩子们可能不能理解它回来的原因,但通过教师之前的一系列铺垫、引导,这一步的情感则是水到渠成了,深深地抓住了孩子们的心,浓浓的亲情渗透进了孩子们的思想。奶奶爱宝宝,宝宝也爱奶奶,可能在孩子们看来就是这么简单,但不能不说如此的换位思考,这已是一大进步了。

三、感悟故事的情,创造生活的美

绘本《鼹鼠爸爸的鼾声》是淘气宝宝系列丛书中的一则有趣故事,选择它是因为有趣的情节和特别的含义。也许有太多的故事来描述母爱,而对于父爱却总是那么的深藏不露。而在《鼹鼠爸爸的鼾声》中,我们看到的是一个温馨的大家庭,五只可爱的小鼹鼠和他们亲爱的爸爸之间的生活片段,通过鼾声这个特别的载体,将爸爸的辛劳以及父亲和孩子之间特别的情感真实地呈现出来,最初先感动了自己,所以也希望将它带给可爱的孩子们。

如果作为阅读材料,对于小班幼儿来说过于长,复杂的故事情节会降低他们的兴趣。因此,教师可以对图片进行筛选和重组,当然是在保留了原作精神的基础上进行一定的修改,制作成多媒体,以媒体阅读的方式展开这次活动。

在活动实施中,教师首先要自己把握好故事的内涵,不要说了半天,把最精华的部分都给忽略了。其次要找准孩子的理解水平,不要自己说得情绪激昂,而孩子却听得云里雾里,完全没有任何体验。这也就要求教师在活动中注意观察孩子们的反应和需求,什么时候需要安静地观察图片,什么时候需要教师用自己高昂的情绪带动起孩子的热情,可能这对于教师的专业要求也是颇高的。

整个故事一直围绕着鼾声展开,因此在活动的开头便以鼾声开场,引起了孩子们的兴趣。在过程中除了观察图片、解读故事内容,还常常引导幼儿和故事中的角色互动,并且迁移进自己生活中的点滴经验。既是在看一个故事,也是在解读、参与一个生活片段,当幼儿在小鼹鼠叫不醒爸爸时,表现得有些着急,拼命地想叫醒爸爸;而当幼儿了解了爸爸的辛苦,轻轻地告诉小鼹鼠在爸爸累的时候要怎么照顾爸爸时,这着实让我们感到欣慰,是小鼹鼠的成长,也是孩子们的一次成长。或许在现实生活中,孩子们不可能陪爸爸一同工作,但是生活中的每一个小小的细节,只要有心,都是那么的温馨,充满情感。也许之后的某一次,当孩子听到爸爸打鼾时轻轻地走到一边去自己玩耍,这可能就是文学作品所创造的美。

四、字里行间的触动,潜移默化的改变

绘本《猜猜我有多爱你》,听到名字,我们就知道这一定是一个讲述爱的故事,特别的是发生在两只兔子之间的一段对话。这样的故事读本,对于小班孩子而言,是非常有难度的。所谓的情深意长在他们读来可能会索然无味,完全体味不出其中深厚的情感。

在设计这样一个活动时,教师试图通过动作、角色的扮演来引起孩子的共鸣,但发现其实孩子充其量也只是读懂了文字表面的内容,而对于爱是无法衡量的。宝宝爱妈妈、妈妈更爱宝宝等等这些所谓深层次的情感,不要说孩子了,连成人可能都不是三言两语就能够道明白的。所以,可能在这么十几二十分钟的活动里,孩子们能体会到的也就只是最基本的情感了。

但是不能不说,这已是一个很好的开头了。孩子们除了《帮妈妈》这一类通俗易懂的故事,同样需要这些值得深深回味的作品。可能它不能立竿见影,无法让孩子马上接受,但是我相信,这种美的熏陶、这种爱的传递是非常有必要的。因为它们可能会在孩子的脑海里慢慢地生根发芽,直到有一天,在不断地浇灌、培育下开出美丽的花朵。有一天孩子可能抱着妈妈轻轻地说:"妈妈,我爱你,从这儿一直到月亮上,再绕回来。""妈妈,给你吃,因为你是我的妈妈。"我想没有一位母亲会不为此而感动、庆幸。

请相信,教育,可能有时候是会立刻出效果,直接能从孩子的表现上看出教育的价值;而有时候,教育又是润物细无声的,越是感受不到教师的教育意图,可能慢慢地感触越深。用爱来点播孩子,不是告诉、不是给予、不是灌输,而是退到思维的起点,和孩子们一同探索。给孩子一本好书,也许会让孩子一生受益,我们也为此而努力着。

创造参与机会，激发中班幼儿独立阅读的兴趣
——《小猪变形记》的讲解与辩论

嘉定区实验幼儿园　黄婷

一、投放在阅读区里的故事和录音，备受幼儿冷落

故事《小猪变形记》色调明亮、画风幽默，使得幼儿在阅读的过程中始终沉浸在一个诙谐欢快的氛围中。它把小猪模仿各种动物来改变自己的情节贯穿始终，把小猪每次寻找到模仿对象时那种向往的神情刻画得栩栩如生，又把每次模仿失败后小猪的囧样表现得惟妙惟肖。

但是，它在班级的阅读区里却受到冷落。看的人不多，即使有孩子看，也是匆匆翻了几页就又放回书架上了。当时我觉得，孩子从小班到中班一下子要看画面这么多、内容这么丰富的故事，对他们来说是有一定难度的。于是我又投放了故事录音，刚开始有孩子去听，但是仅仅是听故事而已。后来鼓励孩子尝试边看边听，但是发现孩子无法随着故事的录音有序翻看，有时故事讲到后一页了，可是孩子手里的书孩子是停留在当前页；有时故事还在讲前一页的内容，孩子的书已经翻到后面去了。这导致了故事和画面无法有效联系起来的情况。原因是故事录音只是讲述故事，当中没有提醒孩子何时需要翻页。渐渐地，这么一本有趣的书被打入"冷宫"了。是孩子真的不喜欢这个故事还是孩子因不理解这个故事而不喜欢呢？

二、借助声音表情创设动态趣味情境，吸引幼儿阅读

对于中班的孩子来说，他们观察的有序性还不够，不能很好地观察每张画面上的人物与背景，特别是与故事发展有密切关系的人物的动作、表情，因而无法理解关键性的故事情节。于是，基于这个故事中多种角色和环节的出现，我采用夸张的肢体动作、不同的角色扮演及各种象声词的添加与强调，将这个有趣的故事演绎出来。

(一)语音语调的转换

1. 根据动物的形象调整声音的粗细轻重

故事中分别出现了小猪、长颈鹿、斑马、大象、袋鼠、鹦鹉等动物,根据动物的形态大小运用不同的声音来讲述。如笨重的大象用比较厚重的声音来说;袋鼠妈妈可以用较为温柔的声音来说;可爱的鹦鹉可以用提高嗓音来表现鹦鹉独特的形象。

2. 根据情节的发展表现角色的心理状态

在小猪每次找到模仿对象时心里的那种向往,可以稍微加快点语速,表现出它那种信誓旦旦的样子;而在模仿后与下一位动物的对白中则要表现出一种自豪骄傲、洋洋得意的心理状态。

(二)肢体动作的夸张

故事中小猪每次变形后的下场可以说惨不忍睹,但又让孩子啼笑皆非,所以故事书用了跨页的方法来刻画强调。但如何让孩子更深刻地感受到变形后的后果及失败的原因呢?我运用了夸张的肢体动作来表现,如小猪踩高跷跌倒的情节我就做了假装踩高跷走路步履蹒跚,身体一弯;小猪被大象喷水的情节我就做了把脸转过去,眼睛紧紧地闭着,一只手要挡住假装有水要喷射过来的样子……这些夸张的动作表现使孩子充分感受了故事的幽默有趣,而模仿失败的原因也自然而然浮出水面了。

(三)象声词的添加和强调

每次小猪模仿失败叹息后都会出现"小猪又想到了一个好主意"这句话,为了让孩子对下次小猪的变形充满好奇和期待。在说这句话之前,我会伸出食指举过头顶添加"叮"这个象声词,这个创意来源于孩子喜欢的动画片。通常故事角色想到一些事情时,电视里就会出现这个声音,同时在头顶还会出现一个云记号。这个象声词的运用就给了孩子一个思维定式,似乎这个声音一出现,孩子头顶上也出现了一朵云记号,在思考小猪这次会变谁呢?另外每次小猪模仿失败的情节是孩子们喜闻乐见的,于是乎每到这一情节时我都会强调小猪模仿失败时发出的惨状声音,如小猪模仿大象时打了一个大大的喷嚏时,我假装鼻子痒痒发出急促呼吸的声音,然后出现大大的一声"阿嚏!"当孩子们捧腹大笑时,我知道孩子们已经被我的故事深深吸引了。

三、围绕故事情节创设理解讨论场景,鼓励各抒己见

在一次自主阅读的活动时间,我听到一个女孩说小猪在泥潭里滚来滚去太脏了,而且好臭!于是乎我想到了这样一个问题:小猪的变形虽然以失败告终,但是给我们带来了快乐。难道不是每个孩子都喜欢小猪吗?女孩的一句话如当头一棒将我敲醒了,原来是我太想当然了,总觉得小猪憨憨的样子、搞笑的场面是所有孩子都认可接受的,而事实上并不是这样。于是又有一个新的想法在我脑海中出现:是否每个孩子都喜欢小猪变形呢?小猪到底要不要变形呢?接着一个大胆的创意在我脑海中形成——让中班的孩子开展一场有关小猪是否要变形的辩论会。

辩论过程:

1. 教师交代辩论题:想一想你觉得小猪是否要变形?

反思篇

2. 为了方便孩子区分不同意见，我用了 😊 😣 这两个符号分别来表示同意小猪变形和不同意小猪变形，同时也暗示孩子自己的立场是在哪一方，因为中班孩子的思维还是很容易出现被同伴影响的情况。

3. 交代规则：

（1）没有谁对谁错，两队轮流表达自己的意见，并说说坚持自己观点的理由。

（2）每次每队只有一个人可以发言，同伴在说的时候，请仔细听。

记录我们正反两方的精彩对决：

两队对于小猪变形的意见

同　　意	不　同　意
我觉得小猪变形蛮好的，因为它变成长颈鹿就可以很高，然后看得很远。原来小猪很小，只能看到一点点。	可是小猪踩高跷摔跤了很危险的，摔得很疼的。
可是小猪并不觉得啊，它后来还不是又想变斑马还有其他小动物什么的吗？	小猪还是不要变形的好，你看小猪在身上画颜料，结果被大象喷一下水就没了，不是白涂了吗？浪费时间。
那小猪觉得涂了斑马的花纹就很漂亮呀！可以改变自己呀！	小猪最开心的时候还是变回小猪自己。猪嘛就是吃了睡，睡了吃的呀！变来变去多累呀！
但是小猪很喜欢变的呀！	可是小猪没有成功呀！
小猪变成鹦鹉就可以飞起来了，多好呀？	可是它还是摔下来了呀！会摔疼的。
如果小猪不变形的话，小猪就没意思了呀，它会不开心的。	猪很懒的呀，就是吃和睡觉呀！
小猪还是变形的好，那样它可以有漂亮的羽毛做翅膀了，还能像小鸟一样。	但它还是会从树上摔下来的，做小猪是最开心的事情。
小猪变形了，它就更善良了。（当时对方组没有接这个孩子的话）	
	还是不要变了，小猪在泥潭里滚来滚去本来就很开心的事情。
猪很臭的，在泥潭里弄那么脏，都没有朋友了。	可是还有另外一只小猪朋友呀！
干净的小猪才是大家喜欢的。	猪生活在猪圈里怎么会干净呢？本来就很脏的。

尽管我们班孩子的语言表达能力已经比较强了，但是孩子们的妙语连珠还是让我赞不绝口。我更没有想到的是，中班的孩子还能坚持自己的立场，没有被现场的辩论内容左右了自己原先的想法，而且还能将生活经验与故事内容有机结合变成辩论的陈述。在辩论中，孩子坚持着自己的观点，并用自己的观点不断地说服着对方，辩论不分胜负输赢。但是，通过这样一个故事，能够引发孩子这么多的思考、这么多的话题，已经远远超出图画书带给孩子的价值了。

这样一种辩论的形式在我们班是首次尝试，孩子们的热情也是深深地打动着我。一个男孩跟我说："黄老师，我觉得这个游戏真好玩，下次我们还能玩吗？"我点头示意说："好啊，瞧，我把这些标志都收起来准备下次用呢！"男孩高兴地走开了，边走边大声地说："黄老师说下次我们还可以玩!"

是呀,相信有这样一个美好的开始,我们会看得更多,想得更多,说得更多。因为阅读就是一件美好的事情!

附 故 事

一只胖嘟嘟的小猪百无聊赖,就想体验别的动物的生活。它精力充沛,满脑子奇异的想象,用各种办法模仿长颈鹿、斑马、袋鼠、鹦鹉等动物。遗憾的是,这些创举都以失败告终。正当小猪被一连串失败打击得几近崩溃的时候,它受另一头猪的启发,找到了真正属于猪的乐趣。原来,对于猪来说,做回一头猪才是最快乐的事!

11

破解绘本《被澡盆卡住的熊》中"易卡住"的问题*

虹桥中心幼儿园　金晔

《被澡盆卡住的熊》是能配合中班上学期主题《我长大了》而开展的一本非常适宜的早期阅读绘本。故事讲述了一只可爱的小熊在一天天长大,却不愿意离开婴儿时一直使用的那只小澡盆。有一天,当它洗澡却被澡盆卡住时,终于发现自己已经长大,然后跳进了小河里洗澡的故事。在这个趣味十足的成长故事中,小熊就是许多孩子的真实写照,它深深地吸引着孩子们。在阅读时,孩子们在一阵阵欢笑声中与故事的点滴情节产生了共鸣。

在讲述故事之前,教师先引导幼儿有目的地翻阅图画书,细致地观察书中的画面。孩子们观察得非常仔细,甚至把"苹果味"的沐浴露都找了出来。然后教师又抓住重点画面提出问题,引导幼儿进行有目的地精读,既体现了教师的引导作用,更能培养幼儿的阅读观察与分析能力。

一、一个"卡住"的问题

当教师问到"小熊长大了,有一天发生了一件什么麻烦的事情"时,原以为幼儿会很自然地说出"小熊被澡盆卡住了"的回应。谁知幼儿却答非所问,于是教师反复提问,但总是无济于事,最后竟然用了10分钟左右的时间以自问自答的方式而告终!"卡住"的原因究竟在哪里呢?现将现场片段恢复再现:

> **实录**
>
> 幼儿在自主翻阅小图书之前,教师引出:小熊最喜欢在他心爱的澡盆里洗澡了,可是有一天发生了一件麻烦的事情。
> 教师:小朋友,请你们找找小熊长大了,遇到了一件什么样的麻烦事情?找到了就举手告诉大家哦!
> 此时,幼儿开始翻阅小图书,带着教师的提问仔细地观察画面,自由交流

---

* 相关活动教案可参见本书"教案篇"中的活动2-4。

讲述。两分钟后,幼儿踊跃举手回答。小波把手举得老高,迫不及待地想公布答案,教师请到了他。

小波:我看到草地发黑了,小熊肯定觉得很奇怪,小草是不是生病了……(图5上的草呈现灰黑色)。

当时,教师一愣,感知到小波观察的点偏了,但是他的回答也符合客观逻辑。于是,教师回应道:哎,你看得真仔细,不过老师刚才的问题是什么呢?请大家听清楚,仔细想想再回答。谁能告诉大家刚刚老师的问题是什么?

优优:老师问,小熊遇到了什么麻烦的事情?

教师:小耳朵真灵,那么谁来说一说?

(经过教师的重复问题确认,又回到了问题的中心,似乎没有偏离。)

童童摸着脑袋,晃悠悠站起来说:小熊长大了。

对呀,教师心里一阵狂喜,终于说到点子上了。于是追问道:是呀,小熊长大了会有什么麻烦的事情呢?

萱萱得意地将自己的发现说出来:河马请他到河里去洗澡,他很害怕?

(当时,提问非但没有明朗化,而是将幼儿带出了问题本身,幼儿思考问题的指向性已经偏离。怎么办呢?)教师只能继续追问:那你怎么知道的,从哪里看出来的?

萱萱说道:我看到那里有一朵云,河马在叫他过去,小熊把脸捂起来起来……

教师补充说明:这是书中的一个记号,叫云记号,它代表在想的事情。现在谁再来说一说小熊长大后,洗澡的时候遇到了什么麻烦事情?

(这次似乎更偏离了小熊的麻烦事,教师再一次拉回来。)

佳佳答道:小熊的屁股太大了,坐不下了……

教师追问:那坐不下会怎么样了……

菲菲答道:澡盆会碎的。

教师终于松了一口气。

小 结

原来小熊一天天在长大,澡盆太小了,不能再用了,所以小熊在洗澡的时候会被澡盆卡住,这就是小熊遇到的麻烦事情。

(幼儿怎么也无法清晰地用语言表达出小熊的麻烦,最终只好由教师自问自答、自圆其说。)

反思篇

二、两点思考分析

从片段实录段中可看出幼儿回答问题的积极性很高,方向是对了,但都缺乏针对性的问题思考,出现了活而混乱的局面。究其原因,主要如下:

1. 问题过分笼统宽泛,没有按照幼儿的思维水平展开提问。结合画面内容作进一步具体化的引导;致使幼儿不知道该去哪里寻找答案,只能根据画面上胡乱推测,造成答非所问。

2. 当讨论偏离问题中心时,教师接过幼儿的话题,又提出诸如"你从哪里看出小熊害怕到河里去洗澡?什么是云记号?小熊的屁股坐不进去会怎样?"等偏离问题中心的话题,导致孩子的思维离开了中心,而失去讨论的重点。

三、三个破解策略

在绘本阅读中,教师提问与幼儿回答构成了课堂的双向互动交流。要实现真正的双向互动交流,教师必须提出适切的问题。对幼儿的回答进行敏感回应和理答,才能促使幼儿对问题思考达到逐渐深入。于是,针对以上问题和回应的方式作出调整:

(一)改变提问方法,清晰化

当教师提出"小熊长大了,会有什么麻烦的事情呢?"这一问题时,如若大多数幼儿无法回答,即说明提问有疑义,必须适当变换提问方法。实践发现该问题过分宽泛,问题与画面并无直接关联。可调整为:"小熊一天天长大了,有一天他在洗澡的时候,遇到了什么麻烦的事情呢?"将"长大了"改为"洗澡的时候",给幼儿一个思考的重要条件和指向。即小熊洗澡的时候。过程中还可运用追问的方法,如反问"真的是澡盆变小了吗?"或提问"以前不是能天天坐在这个澡盆里洗澡的嘛?"等问题强化引导幼儿去观察理解画面。

(二)教师追问,提问直接化

有时一个问题的抛出,会造成幼儿的误解而偏离了问题的中心。教师还可以通过更直接的追问,使问题更加具体化,而不至于偏离。例如:有幼儿讲到河马请他去河里洗澡他不愿意的时候,就直接问幼儿"是啊,现在小熊还能在原来的澡盆里洗澡吗?""现在澡盆和小熊比一比,哪个大哪个小啊?"等不同的问题,使幼儿关注到小熊不能在原来的澡盆里洗澡,是因为小熊长大了。

(三)启发引导,目的明确化:

当幼儿已经有了初步的理解后,教师还可进一步启发,使提问目的深入明确化,帮助幼儿思考更清晰、表述更准确。例如:有幼儿回答说小熊的屁股太大了,身体进不去了,我可以问,"为什么原来小熊一直在这个澡盆里洗澡,现在就不行了呢?"引导幼儿通过前后画面的比较,发现小熊长大了。然后还可进一步引导幼儿想象,"如果小熊再坚持用这个澡盆洗澡的话,可能会发生什么事呢?"那么幼儿就会有"澡盆里的水全流光了"、"澡盆裂开了"、"小熊的屁股被澡盆卡住"等各种答案。

针对活动中的这一问题的实践与分析,让我体会到被"卡住"的原因源于教师的提问方法的有效性。在任何日常教学活动中,教师应该是思考型的,在反思中,去发现自己的不足并调整自己的教育行为。教师的提问,只有关注细节,仔细剖因,寻找策略,才能加强提问的有效性。

附 故 事

被澡盆卡住的熊

小熊非常喜欢他的小澡盆,天天用它洗澡。小熊一天天长大了。

小河马邀请小熊到池塘里去洗澡。小熊不愿意,他害怕小鱼、小虾会钻进他的胳肢窝。

有一天,小熊在洗澡的时候被澡盆卡住了,怎么也出不来。嘿呀,嘿呀,小河马拉拉不出小熊。

小河马把澡盆翻个身,用力掀也没有把澡盆掀下来。

小河马拿来胡椒粉抹在小熊鼻子上。小熊打了个大喷嚏。啊嚏啊嚏,终于自由了。

小熊和着小河马到池塘里洗澡。小熊说:"这儿真是一个大澡盆。"

让幼儿在夹叙夹议中享受阅读的快乐

——以小班阅读活动《小鸡叽叽》为例*

虹桥中心幼儿园 金晔

怎样让刚入园的小班幼儿快乐阅读是我们值得实践与研究的。在小班上学期"好朋友"的主题中,我们开展了早期阅读活动《小鸡叽叽》。这个故事充分体现出小班幼儿"自我"的心理特征。通过这个故事也能够打开小班幼儿的认知与思维,让他们知道去接纳别人、认同别人、尊重别人的重要性。

故事讲述了一只爱唱歌的小鸡,一直以为所有人唱歌的声音都应该是叽叽叽叽的,而且它非常喜欢自己的歌声。直到有一天,当它自豪地唱着歌出门,和小鸭和小鹅相遇后,才发现小鸭唱歌嘎嘎嘎、小鹅唱歌吭吭吭。它的内心产生了矛盾和疑惑,总是不能明白为什么还有不一样的歌声?于是它回家告诉了母鸡妈妈,在妈妈这里得到了答案:原来小鸭和小鹅也有自己的歌声。

活动开始了,小班的幼儿个个天真可爱地看着老师,希望老师能够带给他们好听又好玩的故事。在看看、说说、演演的过程中让幼儿去感知阅读活动的快乐,激发幼儿对阅读活动的兴趣与渴望。老师带着幼儿夹叙夹议地阅读故事,让幼儿带着愉快的情绪,走进阅读,去感知、体验小鸡不同的心理变化。以下是活动的实录片段:

故事的一开始,幼儿集体阅读PPT1,出现了一张小鸡图片。教师让幼儿说说"这是谁?它长得怎么样?"幼儿对小鸡的可爱形象描述一番后,教师出现了画外音,问道,"小鸡叽叽在干吗呢?"幼儿被小鸡叽叽的歌声所吸引,纷纷说道:"它在唱歌"。接着请幼儿观察小鸡唱歌时的表情和动作,经过仔细的阅读后也进行了一番描述:抬起头、张大嘴巴,还有幼儿说我看到她两只小手交叉放在前面。在对小鸡的形象经过一番阅读描述后,教师又出现了画外音,"小鸡叽叽在唱歌",再让幼儿学学小鸡叽叽唱歌的声音、动作、表情,并给同伴和老师们打个招呼。(此处的目的就是让幼儿体验小鸡爱唱歌的快乐情感。)

第二个环节,教师便开始叙述故事事了,仍然是带着幼儿集体阅读。

---

* 相关活动教案可参见本书"教案篇"中的活动1-5。

实 录

（叙）小鸡叽叽可喜欢唱歌了，有一天它出门去找朋友，连走路的时候也不忘叽叽叽叽地唱歌。它遇到了小鸭子。（PPT2）

师：小鸡好想知道小鸭子会不会唱歌？它会问小鸭子什么话呢？

杰：小鸭子，你会唱歌吗？

妮：小鸭子，你唱歌好听吗？

师：小鸡好奇地问小鸭子，你会唱歌吗？

（叙）小鸭子心想：唱歌我最喜欢了，我唱歌可好听了。

师：看，小鸭是怎么唱歌的呀？它唱起歌来的表情怎么样？做着什么动作呢？（PPT3）

佳：小鸭子和小鸡唱歌的动作一样的，也是抬着头。

君：小鸭唱歌是嘎嘎嘎的（双手做鸭嘴动作）。

伟：小鸭子的小脚分开站的。

瑞：它的嘴巴张的很大。

师：对呀，小鸭子唱歌嘎嘎嘎，可帅啦，我们一起来学学小鸭唱歌。手怎么放？小脚怎么站？头要抬起来吗？小鸭唱歌的声音怎么样啊？（幼儿集体表演体验小鸭唱歌。）

师：（PPT插入小鸡的表情）听到小鸭子是嘎嘎嘎地唱歌，小鸡的脸上露出怎么样的表情？（幼儿模仿小鸡的表情，但是没有应答。）

师：小鸡听到小鸭子唱歌怎么和自己不一样，心里想，唱歌不就是应该叽叽叽的吗？小鸡觉得小鸭子唱错了，唱歌就应该是叽叽叽，它会对小鸭说什么呢？（PPT5）

伟：小鸭子，你唱的不对。

阳：要唱叽叽叽。

妮：小鸭子，你唱错了。

师：对呀，小鸡听到小鸭子唱歌是嘎嘎嘎，连忙说：小鸭子，你唱错了，唱歌应该是叽叽叽。

师：再来看看小鸭子听小鸡说自己唱错了，是什么样的表情，它会说什么呢？

婷：小鸭子很生气。

师：是的，你的小眼睛真厉害，看到了小鸭子生气的表情。它对小鸡说：哼，我妈妈就是这样叫我的。（PPT6）

（叙）小鸡叽叽听了小鸭子这么说，还是有点糊涂，难道唱歌还有不一样的声音吗？我要继续去问问别人。于是小鸡继续叽叽叽叽叽叽地唱着歌朝前走去。

反思篇

> 师：走着走着,小鸡又遇见了谁？（PPT7）小鸡想知道小鹅会不会唱歌呢？怎么问？
> 全体幼儿：小鹅,小鹅,你会唱歌吗？
> 师：小鹅是怎么样唱歌的啊？小鹅唱起歌来会做什么样的动作？（PPT8）
> 瑞：小鹅的脖子伸得老长。
> 妮：张大嘴巴。
> 杰：小鹅吭吭吭唱歌。
> 师：是的,小鹅伸长脖子,张大嘴巴,唱歌吭吭吭可神气啦！（师幼模仿小鹅唱歌）
> 师：小鸡听了小鹅唱歌和自己不一样,它又会对小鹅说什么？（PPT9）
> 维：不对,你唱错了,应该是叽叽叽。
> 师：小鹅听到小鸡说自己唱歌不对,它心情怎么样？会说什么呢？（PPT10）
> 佳：我妈妈就是这样教我的。
> 俊：我就是吭吭吭唱歌的,你才唱错了呢！
> 师：呀,真的哦,就像佳佳说的那样,小鹅也生气了,说道:"我妈妈就是这样教我的。"（叙）小鸡越来越糊涂了,它不明白为什么小鸭和小鹅唱歌都和自己不一样,于是它回家问鸡妈妈。

接下来,就是第三环节,小图书阅读。教师提出了翻阅小图书的要求：小手变成小夹子,轻轻捏住小书角,仔细听,认真看,一页一页往后翻！让幼儿带着小鸡心中的疑问,去寻找答案。幼儿在阅读小图书后,基本都能明白鸡妈妈说的话了。最后,教师用了一个延伸,让幼儿唱唱自己喜欢的歌,感受男孩和女孩、大人和孩子的声音也都是不同的。从以上的活动实录可以看出,在夹叙夹议中能让幼儿享受到阅读的快乐：

一、叙故事人物,议角色神情

1. 声情并茂,激发阅读兴趣、加深理解

教师在出示每个人物的时候,都会让幼儿观察人物的动作与表情,突出"阅读"活动的元素。幼儿对人物的形象与动作表情有个比较具像的认知与描绘。

2. 画外音,感小鸡物唱歌的特点

请幼儿模仿小鸡唱歌的声音与同伴老师打招呼,让幼儿从小鸡的形象和小鸡的心理出发去阅读理解故事。当小鸡遇到小鸭和小鹅的时候,看到小鸭、小鹅唱歌的表情和动作后是什么样的表情与心理变化？再当小鸡否定了小鸭和小鹅的歌声后,它们又是什么样的心情与动作？突出感受小鸡、小鸭、小鹅不同的唱歌声音。

3. 语言叙述,引导幼儿观察画面

教师对角色的外形特征、心里疑惑提出了质疑,引导幼儿进一步感知角色的神情变化,也是一种很有趣的阅读线索。

二、叙人物心理,议角色对话

思考一:小鸡叽叽遇到小鸭的时候,它们之间的对话是什么呢?

老师为幼儿搭支架,告诉幼儿小鸡很想知道小鸭会不会唱歌,它会问小鸭什么呢?这样一来,幼儿就有了一个对话思考方向。如果老师不说出小鸡想知道小鸭会不会唱歌,直接问:小鸡遇到小鸭会问什么呢?幼儿便无从下手,可能会答不上来,要不就是异想天开,偏离故事情节。(如:小鸭你要去哪里玩啊?小鸭,我们一起做游戏吧等等。)给幼儿一个猜测小鸡心理的平台,他们自然会根据小鸡的心理展开提问。

思考二:小鸡听过小鸭嘎嘎嘎唱歌后,是什么心情?小鸡和小鸭又会怎么对话?活动过程中,幼儿在老师的引导下仔细观察了小鸡、小鸭、小鹅的表情,大胆猜测角色的对话。如:当小鸭子听到小鸡问自己会不会唱歌时,老师就铺垫了一段话:小鸭子心想,唱歌我最喜欢了,我唱歌可好听啦。让幼儿通过这样一个心理描写,感知小鸭对自己唱歌的自信与自豪。当问到小鸡不能接受小鸭为何唱歌的声音和自己不一样的时候,幼儿由于形容词的匮乏,他们当即表演出了小鸡的表情,却无法用"惊讶"、"奇怪"等词来表达表现。所以,出现了冷场。这里教师马上调整,沿着幼儿的表情线索,直接补充叙述道:"小鸡听到小鸭子唱歌怎么和自己不一样,心里想,唱歌不就是应该叽叽叽的吗?小鸡觉得小鸭子唱错了,唱歌就应该是叽叽叽,它会对小鸭说什么呢?"到这里,幼儿就有话好说了,有幼儿连忙回答:"小鸭子,你唱的不对。"教师继续接着幼儿的回答,将故事中的对话进行完整填补,为小鸡说:"小鸭子,你唱错了,唱歌应该是叽叽叽。"随后,再来看看小鸭子听小鸡说自己唱错了,是什么样的表情,它会说什么呢?幼儿便仔细观察小鸭子的表情,这里图片很明显,幼儿对生气的表情是基本能够拿捏与表达的。所以幼儿说出了小鸭子很生气!教师再进行原文归纳:小鸭子生气地说,"哼,我妈妈就是这样教我的。"

思考三:回忆小鸡与小鸭的对话经验,大胆想象并表达小鸡与小鹅会有怎样的对话。

后来一段,小鸡与小鹅相遇后,有了前面老师与幼儿夹叙夹议、边看边讨论的基础,幼儿也能更明确地展开观察与想象,所以当小鸡与小鹅相遇的那段对话,幼儿还是能够结合前一段,回忆之前小鸡与小鸭的对话经验,展开小鸡与小鹅对话的想象与表达。第二段阅读时,教师明显发现,幼儿的阅读能够更有方向、更有意义了。

三、叙完整故事、议故事主旨

最后,教师带领幼儿在有序地翻阅叙述小图书环节中,预设了一个问题:小鸡叽叽,一直不明

反思篇

白为什么小鸭和小鹅唱歌都和自己不一样？于是它回家问鸡妈妈，鸡妈妈对小鸡说了什么？小鸡最后弄明白了吗？伴着老师对幼儿小图书翻阅的要求，让幼儿在跟着老师一起完整叙述故事的过程中，去寻找鸡妈妈的答案。幼儿终于明白了，原来小鸡、小鸭和小鹅都有自己的歌。

阅读是快乐的，小班幼儿的阅读，不仅仅总在不断的提问中展开，他们零星的认知经验与不同层次的阅读理解能力，更需要老师在一个开放、整合的阅读环境中给予支持。当幼儿遇到困惑或者是词语匮乏的时候，老师应该及时铺垫，甚至帮助幼儿说出他们的"心声"。这样，当幼儿在老师的理解下得到了支持后，他们会敞开思路大胆地阅读、想象、理解与表达表现。教师也要对幼儿给予当场的回应并进行及时的梳理与提升，在夹叙夹议中为幼儿提供一个阅读线索。让幼儿真正体验到阅读的快乐及分享阅读的美好。

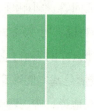

从绘本细节中读，到故事情景中想
——以《最好吃的蛋糕》为例*

浦南幼儿园　梅芳

背　景

《最好吃的蛋糕》是小班绘本，讲述了三只可爱的鼠兄弟用大饼做成生日蛋糕送给妈妈的故事，传递着孩子对妈妈浓浓的爱。小班孩子更多关注的是自己，他们接受成人给予的爱，而自己却不会或者不知道怎么来表达爱，绘本则可以让孩子在感受鼠兄弟对妈妈的爱的同时也能体验到如何表达爱。

本班幼儿已经进行过亲子阅读，对故事有了大致的了解，所以活动旨在对三幅重点画面的阅读过程中使幼儿学会观察、认识符号、体验角色、表达情感，对绘本有更深的理解。

过程实录

"这个故事都听过了，谁来告诉我里面说了什么呀？"我直奔主题带领幼儿回忆起故事来。因为进行过亲子阅读，所以在孩子们自由表述自己记得的故事内容后，我问"买了大饼的三兄弟是不是这一幅？"我翻到了这一幅画面，开始了重点画面的阅读。

"买了大饼的三兄弟心情怎么样？"幼儿说"不好。"当我问幼儿怎么不好时，一位幼儿回答我，"因为他们买错东西了。""是买错了吗？"我没有否定孩子而是追问他，孩子又说"买了大饼。"我继续追问"为什么是买了大饼？"孩子说"因为他们钱不够，所以只好买一块大饼。"这时，我顺应孩子说，"是呀，钱不够，只能买个大饼回家。瞧瞧他们几个，就像你们刚才说得不高兴，怎么个不高兴呀？"幼儿三三两两地说着"垂头丧气。"这是个多好的词呀，我马上夸奖孩子们说得好。一位幼儿补充说像哭一样，我马上请出了他。这孩子噘着嘴，低着头，一幅不高兴的模样马上出来了。"哇，表演得好不好？你们看，头低下来了，眼睛看着下面，真的不高兴了，垂头丧气。我们把掌声送给他好吗？"大家的掌声，让这孩子笑了。这位孩子可爱的表现马上吸引了其他孩子，当我问到谁来做鼠老二、鼠老三时，孩子们都想来表演。当我问到他们是不是也垂头丧气时，孩子们噘起嘴巴，马上做出不高兴的表情了。角色体验就这么自然地发生了。

当幼儿体验了鼠家三兄弟糟糕的心情后，我话锋一转，"他们就这样不高兴下去了吗？有没

---

* 相关活动教案可参见本书"教案篇"中的活动1–8。

反思篇

有一直不高兴？"以此引出了大饼变蛋糕的话题，进入了第二幅重点画面。

"大饼变成蛋糕，哇，这是一个好主意，这个好主意是谁想出来的？"孩子们纷纷说是鼠老大。"鼠老大想出一个好办法，这办法好在哪里呀？"一个孩子说好在脑子里，画面上确实是鼠老大拍了一下脑袋，我马上回应孩子"哦，脑袋一拍想出来了是吧？书上也告诉我们了，谁能找到他的好办法？"一位幼儿上来一下子就找到有蛋糕的云记号，我给了他一个大大的拥抱，继续肯定他，说"他看到了鼠老大一拍脑袋想出了一个好办法（这时我的手指沿着云记号划了一圈，然后指着蛋糕说），这个好办法就是……"大家接口说到，"把大饼变成蛋糕。"

"是呀，变成了一个大大的漂亮的蛋糕，那这大饼怎么变成蛋糕呢？"随着这个问题的提出，进入了第三幅重点画面的阅读。

"知道吗？鼠老大拿出了自己特别喜欢但是舍不得吃的奶糖，他舍不得吃的奶糖为什么今天拿出来了？"幼儿说这是因为今天要给妈妈做蛋糕。"所以，自己舍不得的，给妈妈怎么样？舍得的，他是不是很厉害。太棒了！"

"鼠老大把舍不得吃的奶糖给妈妈，说明他对妈妈怎么样？""很好！"

"还有呢？一个字，对妈妈的——大声说出来。""爱！"

"这是对妈妈的爱呀。鼠老二和鼠老三看见老大这么厉害，他们想妈妈是我们的，我们也要爱妈妈，唉，他们怎么做的？""把香肠和花花给妈妈。"

"哦，把香肠和花花给妈妈啦？这香肠也是鼠老二怎么样？""舍不得吃的。"

正说着，一位孩子打断了我，原来她发现香肠上有一个口子，这是个契机呀！我马上请她上来指了出来，并问孩子为什么有个小口子呢？孩子们告诉我是被吃了一口，我顺势说到"本来是自己喜欢的，想吃的，可是咬了一口想能自己吃吗？"孩子们摇摇头，"不行，要给妈妈爸爸一起吃。"我又大声地问："要给谁？大声说出来！""给妈妈！"孩子们响亮的声音传递着心中的爱。

"鼠老三拿来了鲜花，鲜花是给？""妈妈。"

"他们一边做蛋糕，一边还在干什么？""唱歌了。"

这时，孩子都已经沉浸在故事中了，他们情不自禁地唱起了生日歌……

"他们一边唱歌做蛋糕，一边在想这是我们做的蛋糕。这蛋糕买得到吗？肯定买不到，这里有对妈妈的什么？爱对吗？他们想如果把这个世界上最好吃的蛋糕送给妈妈，妈妈看见了会怎么样？"

"想着想着的时候，谁来了？"伴随妈妈的到来，故事进入了高潮。当生日歌响起时，我做妈妈，孩子们做鼠兄弟把蛋糕给了妈妈。鼠妈妈张开了她的双臂，和鼠宝宝们紧紧地拥抱在一起。妈妈说了一句最开心的话，"我爱你们，这是我吃过的最好吃的蛋糕。"

"这真的是最好吃的蛋糕，为什么呀？"

"是我们自己创造的！"……

反　思

我觉得成功的阅读活动是要能吸引孩子，要让孩子喜欢，使得孩子在活动中有所收获。《最好吃的蛋糕》是非常富有情感的一个绘本，看似简单的情节，却满含着非常浓烈的爱。在阅读过程中，如何才能让孩子更好地融入绘本并体验情感呢？在这次活动中我紧紧抓住"在故事的情景中阅读"，让孩子与绘本、老师和孩子都紧紧地融合，达到"水乳交融"的状态。

一、观察画面时的提问要有情景性

　　学会仔细观察是一种阅读能力，只有会仔细观察画面才能从画面中理解故事。阅读不同于看图说话，"你从哪里看出来的？""你怎么知道的？"等类似的提问常常会脱离故事的情景，使得孩子就像一个旁观者，游离在故事外面。阅读是需要在一个情景中去观察的，比如，在观察鼠老大想出一个好办法的画面时，我的提问始终在故事的情景中，"大饼变成蛋糕，哇，这是一个好主意，这个好主意谁想出来的？"孩子们说是鼠老大。"鼠老大想出一个好办法，这好办法在哪里呀？"一个孩子说脑子里，画面上确实是鼠老大拍了一下脑袋，我马上回应孩子"哦，脑袋一拍想出来了是吧？书上也告诉我们了，谁能找到他的好办法？"幼儿一下子就找到有蛋糕的云记号。如果是游离在情景外，一般的提问会是这样的：大饼变成蛋糕的主意是谁想出来的？你从哪里看出来的呢？

二、画面转换之间的过渡要有情景性

　　当阅读完一幅画面要转入后一幅画面时，画面之间需要有故事情节的连接，而不是直接翻到后一页继续提问。有时候页面与页面之间是没有文字连接的，这时候，我们就要把空白补充完整。比如，绘本中画面3是"老大、老二、老三垂头丧气地回家了"，画面4是"鼠老大拍拍脑袋说大饼是可以变成蛋糕的"。阅读过程中，我让孩子们体验了鼠家三兄弟糟糕的心情后，话锋一转，"他们就这样不高兴下去了吗？有没有一直不高兴？""没有。""大饼变成了蛋糕。"继而引出了大饼变蛋糕的话题。

　　又比如，画面5是"鼠老大拿出了舍不得吃的奶糖，鼠老二拿来一片咬过一口的红肠，鼠老三采来一把野花，一朵朵的插在大饼上"，画面6是"妈妈轻轻推开门……"，我是这样处理的：他们一边唱歌做蛋糕，一边在想呀这是我们做的蛋糕。这蛋糕买得到吗？肯定买不到，这里有对妈妈的什么？爱对吗？他们想如果这个世界上最好吃的蛋糕给妈妈，妈妈看见了会怎么样？"想着想着的时候，谁来了？"这样的连接使得故事有了连贯性，情节也丰满了，孩子们一直处在故事的情节中，他们就是鼠家三兄弟。

三、角色体验时的表演要有情景性

　　角色的体验是自然地融合在整个阅读过程中的，而不是作为一个手段脱离故事情节，不能为了表演而表演。在这次活动过程中的两处体验，都是融合于故事之中的。第一次是感受鼠家三兄弟垂头丧气不高兴的心情，我是这么处理的："怎么个不高兴呀？"幼儿说到"垂头丧气"。一

反思篇

位幼儿补充说像哭一样，我马上请出了他，这孩子噘着嘴，低着头，一幅不高兴的模样马上出来了。当大家把掌声送给他时，他笑了。这孩子可爱的表现马上吸引了其他的孩子，当我问到谁来做鼠老二、鼠老三时，孩子们都想来。表演就这么自然发生了。第二次是"妈妈推门进来后"，我自然地扮演妈妈，请孩子们给妈妈送蛋糕，这时的表演也是在故事情境中自然地发生了。

"故事情景中的阅读"使得阅读活动达到了"水乳交融"的效果，孩子们始终跟随着鼠家三兄弟的步伐体验着买不到蛋糕的沮丧，想出好办法的开心，做蛋糕时的自豪和把蛋糕送给妈妈的快乐。我想，孩子也一定觉得自己就是快乐而智慧的鼠家三兄弟。

巧妙设计串联教学中有效互动
——以《花园里有什么》为例

翔殷幼稚园　杜丽萍

教师在阅读活动中对幼儿的支持有时会直接影响教学活动的效果。因此,在活动中,教师应积极关注每个幼儿,对幼儿的发现、失败和冲突保持高度的敏感性,适时、适宜地参与幼儿的活动,给予幼儿一种支持感。

背　景

孩子们来到操场上运动、游戏的时候,发现幼儿园的花园被重新翻新了。于是,他们兴奋、投入地观察并寻找起了新花园的秘密,还将自己的发现与同伴分享。老师抓住孩子们的兴趣点,在活动中运用图片、音乐、文字让幼儿充分感受到。

实录一:

老师出示一幅被遮住的图片,只露出了三个圆形部位(见图1)。

老师:"请你看看,图画中有什么?"

幼儿:"有草。""有小花。""有树杆。"

老师:"这是一个什么地方呢?"

"草原。""树林。""花园。"

老师:"有花的地方我们可以更好听地叫它是……?"

"花园。"

(老师揭开附在图片上的纸,见图2)

图1

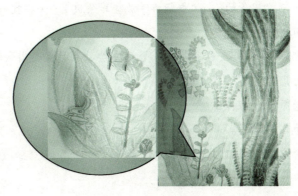

图2

反思篇

［评析］创设让每一个孩子都能看到、摸到、听到、体验到的公平机会和心理环境，在公平的机会中关注和促进孩子的不同发展。

实录二：

老师："其实，花园里有些东西有时看得见，有时看不见，需要你仔细地去寻找一下。"

老师："你们有没有试过翻开泥土找找？如果让你翻看泥土，你会找到什么呢？"

"蚯蚓。""小虫子。""蜈蚣。"

老师："那我们这里的泥土可以翻开吗？翻开后，会发现什么呢？"（老师"翻看"泥土，见图3）

幼儿："哇！"

老师："和你的好朋友边说边看。"

……

老师："如果我们再拨弄拨弄花草，有可能会发现什么呢？"

图3

实录三：

老师："有些东西在花园里真是看不到的，哪怕你翻开泥土、拨弄花草也没有。但它真的在花园里，需要你去感觉一下的，会是什么呢？"

幼儿："我觉得是啄木鸟。"

老师："为什么呢？"

幼儿："因为啄木鸟捉完虫子后，又飞走了。"

幼儿："我说是毛毛虫！"

老师："为什么呢？"

幼儿："因为毛毛虫藏在了树洞里。"

老师："刚才你们都是用眼睛在找，现在我们可以用你的……（老师闭上眼睛，用鼻子吸了吸）……去找一找"

幼儿："……用鼻子。"

老师："用你的……（老师将手放在耳朵边）……去找一找。"

幼儿："……用耳朵。"

老师："用耳朵、鼻子去找一找，可能会找到什么是用眼睛、手找不到的？"

幼儿："花香。"

老师："还有什么？"

幼儿："小鸟。"

老师："小鸟的什么，会让耳朵找到？"

幼儿："小鸟的叫声。"

……

[评析]教师设计的问题,密切地结合幼儿的已有生活经验,并给了幼儿很大的思维空间,引起了幼儿的观察兴趣,孩子们积极动口、动脑去分析、交流、探索摆放的方法。教师给小朋友的鼓励,有助于形成幼儿温馨的心理环境,促使幼儿大胆探索与表达。

反 思

老师通过图片、音乐、文字等内容,既渲染了气氛,又自然地将幼儿带入诗歌的意境,使幼儿全情投入到活动中。

其中,教具的巧妙设计及其可变性,让幼儿的兴趣逐步提升。老师通过挖洞、掀纸、从下抽出的方式为幼儿创设问题情境,激发幼儿主动观察的兴趣、继续探究的欲望。老师首先将图片进行了覆盖,并挖了三个洞,此举深深地吸引了幼儿的眼球,自然地将幼儿引入故事。而"拨弄、翻开"这样巧妙、有韵律的词以及图片下的"机关重重",又将幼儿带入深一层的环节。这样的设计带领着幼儿从局部到整体进行观察、从粗读到精读了解内容,使幼儿乐在其中。

活动的第三步是联想环节,老师说,"有些东西在花园里真是看不到的,哪怕你翻开泥土、拨弄花草也没有。但它真的在花园里,需要你去感觉一下的,会是什么呢?"由于需要结合孩子的生活经验展开想象,因此较为抽象,对孩子而言是一个不小的挑战。老师在看到孩子们出现了冷场和不理解时,巧妙地运用了肢体语言:吸一吸、闻一闻、听一听,孩子们一下领悟,并提出了他们的想法。因此,活动的调整可以是这样:1. 使用符号。可以在画面中增加一些音符、花香的气味、风等符号,给孩子一个暗示。2. 给予时间。可以多给孩子们一些思考的时间(1、2分钟)和空间,几人或小组共同商议。可能孩子们会更深入地观察、回忆,让更多的孩子有话可说、有内容可以联想。

从案例中我们可以发现:教师在活动中抓住了中班孩子的年龄特点,在材料上运用了多样的呈现方式,激发幼儿大胆想象、回忆、表达。给孩子充分的时间和空间,以此满足孩子不断探索的兴趣与生成发展的需要。

作为教师,应多关注孩子的"寻常时刻",顺着孩子的目光看下去,用创造教育的理念来"回应"孩子,让孩子得到更大的发展。教师要多方创造条件,支持幼儿的主动学习。为他们提供时间与机会,让幼儿与环境、同伴、老师等之间进行多维互动,把学习的主动权交给幼儿。让幼儿通过动手、动脑、动口等调动多种感官的参与,努力去发现,探索新知,学习新知,同时也学会学习,从而真正成为学习的主人。

15 将绘本真正为教学所用

——以《朱家故事》为例

华林幼儿园　郏秀丽

背　景

一、素材解读与内容选择

《朱家故事》讲述的是发生在一户姓朱的人家的故事。一位勤劳能干的朱太太和好吃懒做的朱先生和两个儿子，终于有一天无法忍受的朱太太离开了他们，朱先生和他的儿子们无人照料，生活得像猪一样窘迫。就在他们后悔的时候，朱太太又神奇地出现了，一家人从此开始分担家务，过得非常幸福。该绘本内容风趣幽默，故事情节起伏波折，十分贴切幼儿的生活，将深刻的道理蕴含在故事中，即，家务活不是一个人的事情，而是全家人共同承担的劳动，让幼儿懂得爱做家务事一件快乐和幸福的事情。

二、幼儿情况分析

在设计这个活动时一方面考虑到素材本身的特点比较适合大班幼儿。大班幼儿生活自理能力比较强，他们也确实有能力帮助家人做一些力所能及的家务，鼓励孩子爱做家务是一种家庭责任感的培养，也是一种质朴的美德，其中更蕴含着对其他家庭成员的一种关爱。另一方面考虑到大班幼儿的阅读特点，如大班幼儿会出现阅读理解的断层现象，对故事情节的重要转折点难以解读等。

过 程 实 录

活 动 目 标

1. 尝试通过自主阅读的方式理解故事中朱太太在家、离家和回家的相关情节，感受故事内容的有趣。
2. 在感受朱先生一家生活变化的过程中，懂得做家务活是每个家庭成员应该共同承担的责任。

活动准备

幻灯、小图书、记录表格、笑脸等图符

活动过程

一、观察封面,激发兴趣

1. 师:今天我为你们带来了一个故事,看看这是发生在哪里的故事?这个故事发生在谁家呢?
2. 瞧,这是朱先生一家,你看到朱家有谁呢?(家庭成员介绍)
3. 朱家一家人在做什么?为什么爸爸和两个儿子脸上都是笑嘻嘻的,妈妈却不笑呢?

小结与过渡:看,这就是奇怪的朱家、有趣的朱家,让我们共同走进朱家,仔细地看一看。

二、阅读理解,讨论交流

(一)朱太太在家(师生共读)

1. 读到这、看到这,现在你能告诉我为什么妈妈没有笑的原因吗?
2. 你觉得朱先生家的每一个人,他们过得好吗?(谁过得很累?谁过得很轻松?)
3. 妈妈在信上写了什么?你知道这个"猪"字是什么意思吗?妈妈为什么要这么写?

(二)朱太太离家(自主阅读)

过渡:那妈妈离开家后,会发生什么事情呢?让我们一起到书里去寻找答案吧!

1. 幼儿自主阅读小图书。
2. 妈妈不在家的时候,爸爸和两个儿子的日子过得怎么样?

小结

哎呀,妈妈不在家,爸爸和儿子从来不洗碗、不洗衣服,也不打扫房间。看,他们的家就像猪圈,他们自己也过得和猪一样。

三、朱太太回家(分享故事结局)

1. 这样下去可不行,后来妈妈回来了吗?哪张画面告诉你妈妈回来了?
2. 妈妈回来后,爸爸和孩子们会说些什么?做些什么?

3. 现在,你觉得这一家人过得好吗?

小 结

现在全家都过得很轻松、很快乐!这个幸福的家是谁家呀?朱家故事会一直这样下去,下次我们再来读这本有趣的书好吗?

分析与反思

一、转折联想,想象猜测

整个故事中有几个跌宕起伏的情节,而这些情节的转折暗藏在静态的图片中,对于幼儿来说是具有挑战和难度的。如朱太太离家朱家父子从"人转变为猪"的情节变化,以及朱太太回家后,朱家父子又从"猪"变回原来的样子等。针对这些情节的转折,教师运用"转折联想"的策略指导幼儿通过对转折画面的细致观察和大胆想象画面中的空白情节点,鼓励幼儿突破传统的思维定式进行猜测,师幼共同解读重难点情节从而进一步理解故事内容。

二、归纳理解,概括提升

活动中,教师采取了表格式的图符记录,帮助幼儿在自主阅读的基础上学着归纳图画书中的相同情节点,感知故事的线索以及发展的过程。如用图符梳理朱家一家四口的心情变化、记录朱太太每天所要做的繁重家务等,而围绕"朱太太在家"、"朱太太离家"和"朱太太回家"三条情节线,教师又用表格归纳和梳理起来,从而帮助幼儿边阅读边思考,反复对比,从而梳理并归纳故事的主题,提升对故事内涵的理解。

三、质疑对话,师幼互动

质疑对话法穿插于整个教学过程中,有效地促进了师幼互动和幼幼互动。如在幼儿理解故事前,就直接对封面进行了解读,并抛出问题"朱家这家人在干什么呀?为什么爸爸和两个儿子脸上都是笑嘻嘻的,可是妈妈的脸上却不笑呢?"为后面的环节做好铺垫。在故事情节发展到朱太太离家时,教师就信件的内容提出质疑"爸爸和两个儿子心想'我们明明是人,怎么妈妈会说我们是猪呢?'你知道为什么吗?",这个质疑是结合活动的难点设计的,通过幼儿之间的讨论进一步解读绘本。在故事结尾部分,"朱太太回来了,猜猜朱先生和孩子们会对她说些什么?"通过幼儿或师幼共同扮演,进行情境表演、对话,让幼儿在观赏中领悟和学习。

困 惑 与 调 整

一、正确处理"忠于原著"与"为我所用"的矛盾

本着"忠于原著"的理念,在开展绘本教学的过程中,我没有对素材进行改编和删减,而是原汁原味地将整本书交给了孩子。但是该文学作品的深刻内涵包括作者本人所要表达的意图,并不能在一次活动中得到阐释和解读,而且作品也存在着国情和生活背景的差异。因此,教师在设计和解读绘本素材的过程中,并不能"拿来主义"、"全盘照抄",而是要根据本国国情,结合幼儿的生活背景,选择和截取"有利于幼儿发展的"、"为幼儿所能理解和接受"的正面的信息和焦点。

二、正确诠释家庭成员间"爱"与"被爱"的关系

绘本中的主角是朱家一家四口,始终被"爱与被爱"的关系围绕着。表面上女主人"朱太太"每天很辛苦,操持着这么多的家务对,但是她对"朱先生"和"西蒙"、"帕克"的爱是深藏于心的,即使是"离家出走",也绝不是真的不爱他们、抛弃他们,而是开了个玩笑,想借机给最爱的人们一个小教训而已。而身为男主人的"朱先生"和两个可爱儿子似乎习惯了被"朱太太"照顾和爱着,什么家务也不做,但是内心也是深深地爱着"朱太太"的。在设计活动时如果能进一步处理好这"爱"与"被爱"的关系,能进一步帮助幼儿体验一家人相亲相爱生活在一起的美好情感。

16

源于生活而高于生活的阅读
——逛超市为妈妈挑选礼物

尚东之星幼儿园　姚晶晶

背　景

"世上只有妈妈好,有妈的孩子像块宝……"这首熟悉的歌是妈妈在孩子们的心中占有绝对位置的写照。平时孩子与妈妈的接触最多,妈妈给孩子的关爱也是最多,而社区又是我们幼儿园课程资源的重要来源。因此在与家委会协商后,我们决定在妇女节前夕让孩子自己到超市为妈妈挑选一份喜欢的礼物,并且事先不让妈妈知道。我们在孩子之中发起了倡议:省下10元的压岁钱,亲自到超市为妈妈挑选礼物。在逛超市买礼物的时候,我发现孩子生活中的阅读素材很多很多,于是我和孩子进行了一次特殊的阅读经历。

过 程 实 录

镜头一:

刚走到超市门口,孩子们就欢呼起来:"晶晶老师,我们到了,××超市到了!"看着硕大的超市,我想:超市有很多种,孩子怎么那么快就把它辨认出来了呢?于是我试探性地问了一声:"你们怎么知道这是××超市啦?"没想到孩子们都兴奋地说开了:

阳阳说,"我妈妈告诉我的,这是××超市,还买过呢!""我也来过的。""我妈妈也带我买过东西 。""晶晶老师我也来过的!"(原来他们都有进去买过物品的经验,并通过家长获得生活

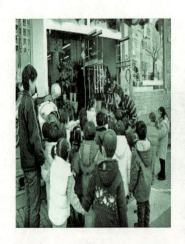

经验,因此孩子这时想表达的愿望最强烈。)

子奕说:"你看,这里有很多东西。"(原来是她是透过橱窗猜测的。)

青青说:"你看呀!看上面!"我顺着孩子手指着的方向看去,原来他让我看的是××超市的店牌。我装糊涂说:"这是什么呀?"旁边的济济说:"××超市的牌子。上面写着的!""济济,你还认识字的?"我马上表扬他。这时,旁边的孩子开始对店牌产生了兴趣。杨杨拉着我说:"晶晶老师,快看,这儿也有××超市的。"(原来他发现了写在门上的文字。)孩子们在他的指引下开始找文字。看着个个兴奋的小脸我不住地想"小班孩子认识字就是生活中的文字,何不让他们一起认一认、读一读呢?于是我和杨杨带着孩子们一起来点字认字。不一会就发现我们的孩子三三两两地开始寻找着这几个文字,与好朋友一起指指认认。

镜头二:

细心的仰仰问我,"老师,这是什么?"(原来仰仰发现了××超市门上的数字。)

麟麟说:"这是7,数字7呀,我认识的,我爸爸教我认识过的。"

仰仰并不满足麟麟的回答,继续问:"门上为什么写数字呀?"他的问题吸引了一部分的孩子的好奇心。"里面有7个阿姨买东西。"帆帆猜。我看着孩子们一个个苦思冥想的样子,刚想把答案告诉孩子们,又转念一想:在二期课改理念影响下,孩子的学习目的不是获得多少知识,而是如何通过多种手段、方法获取信息。既然我们来到了超市,为何不让孩子通过自己的交往方式获取信息,并在幼幼互动的方式中获得经验?于是我就说:"是呀,晶晶老师也不是很清楚,怎么办呢?"(抛给孩子一个问题。)可爱的辰辰说:"我回去问问妈妈吧!"昕昕说:"我问我爸爸,我爸爸肯定知道。"心急的仰仰说:"你们的爸爸妈妈都不在,怎么问呀?"这时有几个××超市的营业员好奇地看着我们的孩子,韬韬想到说:"晶晶老师,我们问问营业员阿姨吧,她肯定知道。""这是个好主意!谁去问?"没想到很多双小手都举了起来。"我!我!"韬韬也不管了,直接走到营业员阿姨面前说:"营业员阿姨,你可以告诉我们这7,是什么吗?"营业员阿姨看到我们那么可爱的孩子笑着耐心说:"这是我们开门关门的时间,七点到晚上的21点。"孩子们听了不住的点头。

镜头三:

孩子们面对那么多熟悉的物品,开始交流起来了。有的孩子从文字上,更多的孩子从包装上。青青说:"这是小熊饼干,我妈妈买给我吃过的。"鸣鸣说:"我也吃过的,它很好吃的,甜甜的,对吗?"玮玮说:"我还吃过巧克力味道的呢!"迪迪说:"还有奶油味的,很香的!我和妈妈最喜欢吃了。"(一幅好像刚吃完后的表情。)这时,有两个孩子对糖与盐发生了争执,旖忆说这是盐,仰仰说是糖,两个孩子争的面红耳赤。谁也说服不了谁。这时我想:有时老师的作用需要退后,让孩子在交流的同时获取生活经验,有时也需要老师帮助孩子在适时的时候提升一下生活经验。今天两个孩子的争执是因为经验产生了偏差,于是我介入了:"你们也不要吵了,让我们

反思篇

来看看包装袋上的文字吧！"然然看见包装带上的"盐"说："老师我知道，这是盐，我认识盐字的。""我也认识的,是精制盐。""对！盐和糖是不一样的。"………

镜头四：

可可看见一盒香香的东西，放在鼻子底下闻了又闻，一会儿又放下，到旁边晃了一圈，又拿起这盒香香。看来孩子想买这盒香香，但不知道是什么东西，正在犹豫呢，真好有售货员阿姨走过来，可可就抄着台湾口音问她："阿姨，这是干什么用的？"阿姨耐心地告诉可可："这是可以让妈妈变得漂亮的东西！叫绵羊油。"可可仔细地看了看上面的文字，"绵—羊—油，那好，我就买这个！"说着谢了谢阿姨后高兴地找好朋友去了。

思　考

其一：生活是一种实践，一种参与，也是一种体验。要让孩子真正在生活中学习与体验，才能使生活真正起到促进幼儿发展的价值。阅读活动也是如此，生活就是孩子们一本最好的阅读材料。孩子们在今天的活动中互相交流经验，用自己的眼睛探索着对于他们来说不是很陌生的小世界——超市，观察力、表达力、交往能力都得到提高。

其二：充分挖掘幼儿生活、环境、社会信息中可以被利用、概括、展开的一切教育因素，让幼儿在充分感受、理解的基础上，在日常生活与环境、社会资源交互中自然地获得信息，提高阅读、认知、情感、交往、语言的能力。

其三：在《规程》中提到：教师在活动中与孩子同成长。因此需要教师及时地捕捉孩子自身及日常生活的内容，通过教师合理、巧妙的组织和引导，才能使我们的孩子在回忆相关生活经验的基础上，综合处理有关信息进行表达和交流，对自身及日常司空见惯的现象加以关注、概括和交流的同时共同成长起来。

寻找适合的，变为最好的

——以《排好队，一个接一个》为例[*]

绿川幼儿园　薛冰

《排好队，一个接一个》是日本绘本大师佐佐木洋子的作品，我将其选为早期阅读的素材，设计了一节小班大图书阅读活动。回顾这个活动，无论是选材还是教具制作、教学环节抑或互动方式，每一环节都经历了多次的修改、反复的调整，活动才逐渐成形、成熟。

一、教具的演变

拿到书本，第一感觉就是简洁、可爱，书中的形象和孩子们一样，肉嘟嘟、圆滚滚，十分惹人喜爱；雪白的底色加上简单可爱的玩具成就了简洁的背景。就这些而言，这是一本适合低幼年龄段的孩子阅读的绘本。但是，这个绘本是否拿来就能用了呢？

1. 对于图片的筛选

通读绘本之后我发现，作为小班孩子集体活动的素材，绘本中展现的场景、事件过多，而且很多内容是平行的。于是，我对其进行了筛选，选出了我觉得比较有代表性的、又比较贴近幼儿生活经验的三幅画面：一个接一个排队玩滑滑梯、需要想个办法轮流玩荡秋千以及三个朋友一组的小火车。但是，在"爱上课"俱乐部的讨论中，大家给我提出了建议，为了让整堂活动内容更为丰富，可以增加若干场景图片，以略讲的形式呈现。由此可以得知，这堂教学活动的大图书是需要自制的。

2. 对于操作的思考

当然，除了原著绘本中只有部分图片入选大图书这一原因外。更重要的原因，是为了让大图书更符合小班幼儿的阅读特点，即幼儿能与大图书进行较为充分的互动。

于是，我开始制作这本大图书，除了尽可能保留原著中简洁的画面和可爱的动物形象外，我更多地思考了大图书的互动性，设计了可以滑的滑滑梯、可以轮流玩的荡秋千以及可以摆弄操作排排队的小火车，并且配合了画外音以及幼儿的语言，让大图书更加贴近幼儿的生活经验和兴趣点。

教具的演变渗透了"爱上课"俱乐部对绘本的理解、对幼儿的了解、对现场的思考，自制绘本

---

[*] 相关活动教案可参见本书"教案篇"中的活动1-3。

的出炉，为这节集体活动提供了物质保障。

二、教法的演变

虽然在"爱上课"里已经有许多成熟的小班早期阅读的课例，同时，小班早期阅读的特点也已经被梳理得比较清晰。但，是否所有的活动都能够套用呢？

1. 解读绘本——让图片展示更多

在不断解读绘本的过程中我发现，"排队"是这个绘本的重点，同时也是理解与内化难点。为了帮助幼儿更好地理解绘本，我们要让绘本多"说话"，让图片展示更多、更丰富的信息，同时引导着孩子们去细细地观察、发现其中隐藏的"小秘密"。

2. 研读幼儿——让幼儿表达更多

一切的选材、设计都是以幼儿为中心的，因此观察幼儿的表现、倾听幼儿的表达就显得尤为重要，那是让老师了解幼儿、了解幼儿对本次活动到底感受了多少、理解了多少的最佳途径。

在多次执教的过程中我发现，处于不同时期的小班幼儿对于活动的需求、理解以及表达都是不一样的。比如：当一群进入小班生活了三四个月的幼儿参与这次活动时，所表现出的对于集体规则的理解和表达表现都是比较丰富的，他们可以为轮不到自己玩的小猫咪想出许多办法，如轮流、商量、数数等；但当这一活动在小班初期的孩子中进行时，孩子们更多的是让小熊下来，因为"我要玩"。又如：面对一群被小便憋得双脚直跳、全身发抖的小动物的图片，入园不到一个月的孩子几乎不知道它们怎么了；而入园两个月的孩子就有可能发现，小动物的身边有一条条小曲线、有的小动物跳起来了等等。

面对孩子这类阶段性差异，老师要做的是倾听幼儿、理解幼儿、顺应幼儿，而后创设台阶，鼓励和帮助孩子尽可能地多表达相关的生活经验，更多地推动幼幼互动。

在一次次说课、试教、执教的过程中，我《排好队，一个接一个》变了又变，变得越来越接近孩子、吸引孩子。我希望在今后的执教中，让《排好队，一个接一个》能够进一步回归孩子的生活。

以阅读为载体的情感激发

——《房子,再见》开启的情感旅程

嘉定区实验幼儿园　朱濛钰

一、缘　起

一本本优秀的图画书就像一个个丰富的宝藏,它们是非常重要的教学资源。很多图画书是以"情感"为主线贯穿始终的,使孩子们在不知不觉中经历了一次情感旅程,可谓"润物细无声"。

就像《房子,再见》这本书。故事的主人公是一只小熊,他们要搬家了,家具都已装进货车,但他觉得旧家里有什么被遗忘了。于是,爸爸妈妈带他回忆了一遍旧家以前的样子,抱着他跟房子的每个角落说再见。小熊跟整栋房子说完再见后,才安心地离开,往新家出发。

有一次自主阅读时,我拿起了《房子,再见》这本书,几个孩子马上凑过来想要和我一起听故事。讲完故事,妞妞低着头,轻轻念了一句:房子,再见。宁宁则深吸一口气,说道:"朱老师,这个故事真感人。"在妞妞的推荐下,很多孩子都开始翻阅这本书。看着他们读着这本书,悄悄地聊这本书。我想:这本书中所蕴含的价值观与当时我们即将开展的主题活动"我要上小学"的目标非常契合,正好可以作为情感教育的起点。我可以借助这本书,设计一系列活动,让他们感受离别,学着表达离别之情、感恩之情,激发他们对未来的无限憧憬。

正如德国哲学家、西方存在主义大师雅斯贝尔斯所说:教育意味着一棵树摇动另一棵树,一朵云推动另一朵云,一个灵魂唤醒另一个灵魂!

然而,对幼儿进行情感教育,仅仅停留在"唤醒"的层面是不够的,尤其是到了大班,除了"唤醒",还应该"迁移"、"表达"。所以,我在设计时把整个"情感旅程"分为四个部分:共情、移情、动情、抒情,我想通过一系列活动激发幼儿对幼儿园以及对幼儿园里关心他们成长的人的情感。

下面,就请随我回到2014年的6月,一起踏上"情感旅程"!

二、出　发

(一)共情——集体阅读

共情,理解故事,产生共鸣。

讲故事的核心目标就是把平面的故事进行立体呈现,让孩子在近似真实的情境中理解故事,再进入角色中体验故事,帮助孩子实现自己对故事意义的建构,体会故事角色的情感。

为了让故事立体地呈现在孩子眼前,让孩子进入故事,"活"在故事中,我把故事编排成两段:

反思篇

第一段用PPT一幅多图的方式，出示房屋各处图片，并提问："猜猜这个房子里还有小熊的什么回忆呢？""以前小熊在楼梯上玩儿，小熊会高兴地在地板上打滚。""小熊最喜欢它的小沙发了，爸爸妈妈陪他在客厅里看电视……"小熊的生活似乎展现在孩子们的面前，孩子们就变成了小熊，绘声绘色地讲着小熊的快乐回忆，感受房子给小熊带来的快乐。

当第二段"道别"的情节出现的时候，孩子们听得格外认真。在讲完故事后的"提问时间"，孩子们所表达的既有伤感，但更多的是感动，这说明孩子们能够理解故事中小熊依依不舍的心情。

（二）移情——主题讨论

移情，感同身受，迁移情感。

第二天的阅读一刻，好多孩子都在热烈地讨论着《房子，再见》的故事，也已经把对小熊的理解迁移到自己的生活中。有的说：我的老家已经拆迁了，现在什么都没有了；有的说：我也搬过家的，搬家的时候我也很舍不得的；有的说：没关系，搬家了你还能回去看看的……突然，琪琪说："我们马上要离开幼儿园了，要和幼儿园说再见了！"其他孩子一听，马上激动了：是呀，我们就要毕业了！我们也要离开这里了！

我马上问他们："毕业时，你想和什么说再见呢？"

孩子们的回答丰富多彩：大型玩具、小花园、种植园地、教学大楼、紫藤架……经过一番讨论，孩子们提出：想仿造《房子，再见》这本图画书，做一本《幼儿园，再见》，来纪念自己的幼儿园生活，来和幼儿园告别。

接着，孩子们和故事里的小熊一样，来到幼儿园的角角落落寻找属于自己的美好回忆，我则紧随其后，听听他们在想什么？在说什么？

逸宸说："朱老师，我想和小花说再见，行吗？因为我觉得它实在太美了，我还和它们拍过照片呢！你看，就是这些……"

小胜指着玩沙池对林林说："林林，我们一直在这里玩沙的！你还记得吗？""记得！我们还在这里玩过'走钢丝'呢！到时候我们一定要和沙池说再见！"

为为说："海盗船是我最最最最喜欢的大型玩具，到小学里就没有了，所以我要和它说再见。"

……

听了孩子们对大型玩具、沙坑等"物"的回忆后，我提醒他们："幼儿园里除了这些玩具、场地之外，还有什么陪伴在你们的左右？"孩子们一听马上想到了老师、阿姨、门房老伯、保健医生等人。于是，他们又开始七嘴八舌地说起了自己和他们之间的故事。每个孩子都有说不完的幼儿园故事，他们已经不知不觉地把小熊对家的留恋之情，转移到自己对幼儿园、对幼儿园里的老师阿姨的留恋之情。

（三）动情——自制图书

动情，运用画笔，记录回忆。

共情、移情也都是为了动情打下基础。诗人用笔墨来记录自己的情感，但是年幼的孩子还不会写字，这时用绘画的形式来表达自己的情感就是最合适的，既是表达又能怀念。挥动画笔，也是孩子们在用自己的方式表达自己的留恋之情。一张张画纸、一幅幅美丽的画都是他们感情的表达。无论是紫藤架、沙池、跑道、大型玩具,还是老师、阿姨和朋友,在孩子们的心里都是能回忆的对象。

为了让图画书更像图画书,我们发动了家长一起参加到活动中,为孩子们的图画书添加上了简单的文字,留给他们一个值得纪念的毕业礼物。

(四)抒情——真情告白

抒情,表达情思,抒发情感。

爱要大声说出来!当你表达的时候就是感情最丰富的时候,孩子的语言可能很简单,但是经历过前三个阶段后,孩子的每句话都是从心出发、由爱出发,真情实意地表达出自己心中的感情。

所以在六月底毕业典礼结束后,我们的孩子纷纷来到操场和跑道、沙池等,和幼儿园里他们喜欢的每一个角落说"再见";来到保健室,和每天为他们晨检的医生们说"再见";来到教师办公室,和已经不教他们的老师拥抱、道别;去传达室和老伯伯们说"再见";睿轩来到王老师面前,对她说:"王老师,我以前小班的时候还会尿裤子,现在我不会了!我非常爱你!再见!"玥玥拉着龚阿姨说:"阿姨,你辛苦了!每天都帮我们放杯子!现在我要毕业了!再见!"雷宝来到我面前,献上自己画的画说:"朱老师,这是我自己画的画,送给你!谢谢你!谢谢你给我们讲故事!谢谢你和我们一起唱歌!再见!"

……

最后,他们带上自己的图画书,带着不舍之情,带着对未来的憧憬,孩子们站在大门口,和幼儿园说"再见"。

三、结　语

就像我们的毕业典礼主题"快乐向前走"一样,幼儿园生活只是人生道路上的一个驿站,一系列活动让孩子留恋、怀念和感恩。但是,路还在继续,我们希望孩子们都能带着美好的回忆再次上路、重新出发!

19

把握探索兴趣，延伸阅读契机

——以《三毛流浪记》为例

童乐幼儿园　顾莉玲

背　景

最近，班级里正在进行"我们城市"的主题活动。我们带孩子前往上海城市规划中心，了解了上海的发展历史，孩子们对那些老上海的发展历史产生了浓厚的兴趣。当然，其中也不乏他们天真的想象和稚嫩的误解，如何能让孩子们对这些过去的事有一个正确而客观的认知？他们会不会有收获？从什么地方开始呢？我一直在寻找一个合适的机会。

丁畅阳从家里带来一本画册，吸引了几个孩子，原来是《三毛流浪记》的漫画。一天午休，几个孩子津津有味地翻着，时不时发出阵阵笑声。这时，几个孩子看到我，就拿着画册，跑过来对我说："顾老师，你看呀，三毛一下子吃了那么多饭！""这个车子是人拉的，好好玩！"

看来，孩子们对这些过去的故事有兴趣，但不能正确地理解这些故事。那么，如果大家一起来收集信息，了解这些有趣漫画背后的真实情况，是不是更加有意义呢？于是，我决定从这个机会着手，带着孩子们一起听一听过去的故事。

图书架上被悄悄添上了几本《三毛流浪记》和一些关于旧上海发展的图片资料。

过　程　实　录

镜头一：爷爷小时候吃蛋糕

几天后，当《三毛流浪记》和自编图书《过去的中国》在班级中的传阅范围渐渐扩大时，我开始向孩子们靠近。区域活动时，我也来到阅览区，兴致勃勃地和几个孩子一起看《三毛流浪记》里的片断，他们特别喜欢看三毛大吃米饭的样子，还学着三毛的样子。

"这个三毛，怎么吃得下这么多米饭？"我不经意地抛出一个话题。

丁丁不假思索地说："当然是因为他太饿了呀！"

"怎么会这么饿呢？他为什么不吃别点东西呢？"

"他大概不喜欢吃别的东西，就喜欢吃饭！所以他这么瘦。应该饭菜汤一起吃。"这次是顾天音的答案。

"那么，你们喜欢吃什么呀？"我继续问道。

"必胜客！""乐事薯片！""旺旺！"……

"可是,很多年以前,就是你们的爷爷奶奶像你们这么大的时候,还没有必胜客,也没有薯片呢!"我渐渐地想把话题引过来。

"那么,他们可以吃蛋糕和面包的呀!"文文冒出一句。

"不是的!我爷爷就不喜欢吃蛋糕,他喜欢吃泡饭,每天早上都吃。"乐乐反驳道。

"那么,爷爷小时候喜欢吃,现在不喜欢吃了呢?"文文并不服气。

几个孩子对这个问题发表了自己的看法,谁都觉得自己有道理。

镜头二:原来是这样啊!

交流时间到了,我拿着《三毛流浪记》坐在孩子中间,又取出另一本深受欢迎的书。孩子们睁大了好奇的眼睛看着我。

我把《三毛流浪记》的第一页打开,翻到标有作者的地方,请他们看一看:"有什么特别的地方?"识字的孩子大声念出了"张—乐—平"三个字,接下来便是一阵摇头和茫然:没什么特别呀。我又拿出另一本书,翻到标有作者的地方,两本放在一起——"'张乐平'名字是画在一个格子里的,×××的名字外面没有格子。"

"为什么会有这个区别?"我追问道。

面对孩子们各不相同的答案,我写下:1935年。然后把《三毛流浪记》放到"1935年"的下面,又把另一本童话书放在"1995年"下面。

"现在是几几年?""2006年。"毫无疑问。

"那么这两个时间,哪一个离现在比较近?"

"1935年! 3比9小。"

"不,我觉得是1995年!"

孩子们似乎还不太明白这些年份时间的确切意义。我用数字卡片模拟年份表,用"翻牌"的形式,从2006年开始往前翻,翻了11张,1995出现了!所以,1995年离现在已经有11年了。然后我们翻一张就算十年,10个10个地数数,出现1935年时,已经是71年了!

孩子们恍然大悟:原来《三毛流浪记》是71年前的一个爷爷画的,讲的是71年前的三毛的故事,但是这个爷爷已经不在了,所以名字外面要加一个方框;而另一本童话书是1995年画的,写故事和画故事的叔叔阿姨还在为小朋友工作。

镜头三:小记者采访任务《听大人讲过去的故事》

"71年前,我们的爷爷奶奶、外公外婆都还小。他们的生活到底是怎样的呢?有没有蛋糕、大房子、新衣服、新玩具呢?我们回去问一问吧!"当天,孩子们带着一份访问表回家了。

第二天,孩子们的态度有了很大的改变。来听听他们的交流:

小柯:"爷爷小时候很可怜的,只有一双鞋子,是爷爷的妈妈做的,坏了就补一补。"

乐乐:"奶奶小时候不玩玩具的,就在家里做饭的。"

安安:"我爷爷说他小的时候,房子很小,一间房子里住了很多人,很挤很挤。天热的时候,只能摇摇扇子,没有电扇。"

文文:"我的外婆以前不买衣服的,就是姐姐的衣服不穿了,她才穿。如果坏了就打补丁,颜

反思篇

色是一种颜色,没有花。"

语欣:"我的爷爷小时候只有淡泡饭和一点点馒头,而且爷爷小时候很瘦,因为他总是很饿。他没有钱买蛋糕的。"

天承:"外公和外婆小的时候很穷很穷,只有过年了才可以吃肉,平时只有蔬菜,是他们自己种的。"

……

我说:"那么,你们觉得,爷爷奶奶小时候的生活到底幸福吗?"

家园说:"一点也不幸福,太苦了!我都想哭了。"

小轩说:"我觉得爷爷奶奶小时候一定很不开心。"

我再次打开《三毛流浪记》,在背景音乐的烘托下,缓缓地讲述三毛的生活。接着,我又拿出收集的资料图片——解放前的中国,孩子们认真地看、仔细地听。原来他们熟悉的幸福生活,在从前都是没有的。原先觉得有趣的画面,却在大人的身上真实地发生过。

孩子们又一次来到阅读区,认真、安静地看起《三毛流浪记》,边上的黑白图片也吸引了他们,他们正在细细地品味那过去的故事……

镜头四:畅想未来新生活

几个孩子坐在娃娃编辑部里,埋头画着什么。我凑过去一看,是一些有趣的图画。难道他们的兴趣已经消失了吗?

邱悦抬起头来,对我说:"我们在画蔬菜房子,这个房子不用砖头,很快就可以种出来,爷爷小时候就不用住在小房子里了。"对呀,家园正在给一个蔬菜房子涂色呢!

男孩小轩也举起他的画说:"这是我发明的动物飞机,我要带没有钱的小朋友出去玩,不用花钱买飞机票。"一架架可爱的小飞机正在飞翔。

……

多么善良的孩子!我对他们点点头,不再打扰他们的想象。

反 思

这是在主题活动中,由孩子们生成、教师推动的一个小主题。从孩子阅读《三毛流浪记》开始,接着初步了解故事的背景,再采访身边的亲人,这组画面在他们的心中带来了一定的震撼。因为了解了一些他们不知道的事,从而改变了孩子对同一件事物的态度。

在主题活动中,如何发现并挖掘有价值的内容很重要,孩子的热点话题就是最好的题材。在这个案例中,我有了一下几点体会:

一、关注幼儿的兴趣话题,给予适当的支持引导。

幼儿是活泼的、变化的,新奇有趣的事物总是能吸引他们的眼球。教师能够及时抓住孩子的兴趣所在，并从一个比较合适的切口进入引导，就能顺从孩子的兴趣展开主题。

《三毛流浪记》的生动形象和幽默情节吸引了孩子，并且由于一个孩子的分享，成为一群孩子的兴趣话题。但是孩子的阅读兴趣只是停留在对画面的趣味性，不能理解作者的原本用意。我注意到这一点，意识到这是个很好的机会，但是我没有急于介入，而是提供了多本副本，让更多幼儿进行更加充分地阅读。教师在观察孩子的同时，有时也要学会等待。这样的等待，就是给了孩子更大的空间放飞思维，也是一种隐性的支持。

介入时，我选择的是同伴的身份而不是老师，自然地和孩子一起看看聊聊，渐渐地带出话题。等到话题越来越集中的时候，我又以组织者的身份出现，但不给出一个确定的答案，采用讨论的方式来寻找答案。想到使用年份和表示"作者已故"的方框，看似随意，事实是我之前预设过的一个点。要判断时间，就要通过计算年份远近来判断，我又及时把握了这契机，开展了一次互动讨论。对求知欲望强烈、思维渐渐活跃的大班孩子来说，"想"比"听"更有挑战。他们更希望做一个主动的参与者，教师应有意识地为孩子创设更多这样的机会。实践也证明了，通过这样的活动，得出的结论很有说服力。这样一来，原本是单纯地解读图片，加入了诸多因素，孩子的兴趣更加浓厚了。

把握了孩子的兴趣点后，教师还要选择适当的指导策略来影响孩子的行为、推动孩子的行为，使主题活动丰富多彩。

二、挖掘活动价值，完善主题内容

主题活动的特点就是：一个主题中蕴涵了很多资源，教师就好比一个开垦者，细细挖掘，便能使主题活动发挥出不同的光彩。在这个案例中，我结合主题，采用亲子互动的方式，让孩子通过采访的形式，进一步了解另一个时代的生活。首先，这个方式对孩子的能力提出了挑战，他们想要家人收集信息，还要通过自己的方式表达出来，让别人听明白。其次，有了这次亲子互动的信息收集，孩子们在交流时，能够听到同伴收集的信息，扩大了信息量，使已有经验得到丰富。

从孩子们收集的信息来看，他们不仅较好地收集了信息，还能从不同角度、不同方面来收集，已有经验都得到了提升。在他们了解爷爷奶奶的过去时，知道了一些他们不知道的事情，通过和自己今日生活的对比，两个时代的区别很明显地凸现出来了。这是一个孩子自主探索的过程，做胜于听。

此时，教师的身份又一次变成引导者，从认知引入情感。孩子的经验丰富了，听我再次讲三毛的故事时，他们一定会有不同的感觉，孩子心里的同情感也会被深深地激起。因此，当我看见美术区域中的孩子们在画"未来的中国"时，从孩子再次认真地阅读同一本《三毛流浪记》时，我发现他们的态度发生了改变。教师要善于发现活动的潜在价值，才能够给孩子带来更多的机会。

适度强化培养幼儿阅读习惯

浦南幼儿园　梅芳

在我园一次阅读活动中,一群小班孩子和老师一起围坐在桌子旁,桌上对应放着本次活动使用的图书。只见老师开始绘声绘色地讲故事,孩子们也煞有其事地准备着翻看自己面前的图书。当第一页讲好后,老师说了一句"叮咚",全部孩子异口同声地接应道"拉拉小手翻一页",并且齐刷刷地捻着书的右下角翻到下一页。剩下的几页都是这样,老师和孩子的配合极度默契,孩子们没有迟疑,也没有厌烦,很习惯地在老师的"提点"中看完了整本书。

作为参与研究图书阅读的我,开始很自豪,心里想:看我们的孩子多棒,我们平时的研究很有成果啊,这么良好的阅读习惯在小班孩子身上就培养出来了。但作为观摩老师的我,随着孩子不断重复那一句话,我逐渐从自豪转向不安,这样死板的孩子就是我们一直努力培养的吗?这样机械的互动真的能够让孩子学会自主阅读吗?这种不安一直持续到活动结束,甚至是现在,促使我们需要重新反思自己的教学行为,找到真正提高孩子阅读能力的途径和方式。

一、孩子为什么会这样?这种反应的本质是什么

孩子们在听到"叮咚"这一信号后,立刻启动条件反射模式,在条件信号发生后,马上出现强化后的行为——一边翻书,一边说着"拉拉小手往后翻"。因此,这是典型的条件反射行为,而这种行为常运用于动物园里驯兽,当驯兽员给一个手势或者声音后,动物做出相应的表演动作。这样理解的话,教师可能一不小心帮孩子建立了条件反射。

为了确认这一猜测,我向该班老师求证。原来这位老师很希望在小班时候培养孩子的阅读习惯,但是小班幼儿注意力不能集中,而且对书没有概念,因此便采用师幼共读的方式来由自己带领幼儿一起阅读,为了兼顾所有孩子的阅读步伐,坚持在每页翻书时都念这句提示语。具体情况如下:

形　式	内　容	次　数
A 教师预先录音	叮咚音+"拉拉小手翻一页"	2
B 教师现场	"叮咚,拉拉小手翻一页"	14
C 教师现场+幼儿齐声	老师:"叮咚" 幼儿:"拉拉小手翻一页"	3(同展示现场)

ABC形式是逐渐出现的,从形式A转向B,是由于教师在使用录音时,虽然预先录音可以保证

故事的完整性和有序性，但是却丧失了教育的灵活性和机智性。教师不能根据孩子现场的动作和反应来调整阅读的速度和内容，因此便舍弃了固化的录音，开始采用现场讲述的方式。

形式B基本是两周一次，连续两个学期都在使用。可以说在小班的整个阅读活动中，是高频率、长时间地使用这一形式。首先，教师的语言起到示范的作用，不断的重复让孩子记忆深刻。其次，类似场景的不断再现和这句话的固定不变，让孩子具有了模仿迁移的机会。因此，教师也在形式B后期发现，孩子开始接话，和老师一起说"拉拉小手翻一页"。在教研讨论后，教师觉得应该逐渐弱化，便开始了第三次的改变。

形式C是教师和幼儿合作的形式，但是教师本意并不是要求幼儿顺接下一句，她希望能从只出现"叮咚"到不用提示，帮助孩子完成独立阅读的转化。但是事实却不如所愿，从行为学习理论角度分析，教师可以创设一种教育情境，通过"刺激（叮咚）——反应（幼儿接话）——强化"来塑造或者矫正一种行为，来达到教育目标。当这一条件反射已经建立并且得到长时间的重复后，想要实现"出现刺激不出现行为"即"教师叮咚，孩子不发声音"，不是一蹴而就的，而且也不是自然而然的。

二、促进还是妨碍，这句话的插入是功还是过

幼儿行为本质的研究和分析证明了展示活动出现情况的必然和合理，这种行为是将持续出现的。那是否如带班老师所言，这句话很好地培养了孩子的阅读习惯？这句话的出现是不是妨碍了孩子理解整个故事？

阅读教育具有阅读兴趣、阅读习惯和阅读能力等多方面的价值。小班则细分为：首先是阅读兴趣，即愿意看熟悉的图画故事书和对图书文字感兴趣；第二是阅读习惯，知道正确取放图书的方法，能安静地阅读图书和知道爱护图书；第三是阅读能力，即能对画面作仔细观察和能理解画面事物间的联系。可见，这句话是否恰当的实质便演变成了当阅读习惯和阅读能力相矛盾时如何取舍的问题。

习惯是一连串行为的模式化，因此阅读习惯是行为的习得和巩固。能力则表现为是否能完成和完成所需要的时间，阅读能力是指幼儿是否能读懂图书和读懂所需时间，是需要运用多种智能才能得到的。可见，习惯要比能力获得的更容易、更快。同时，阅读习惯是阅读能力获得的基础和条件，拥有好的阅读习惯和浓厚的阅读兴趣，才能促使幼儿愿意去精心读书。

如此看来，带班教师的理念是正确的，对于刚接触图书的幼儿来说，阅读兴趣和阅读习惯是首要目标，随后才有机会考虑阅读能力的问题。但是这句话在培养幼儿阅读习惯上起了什么作用？从现场看，我们必须承认这句话的正面价值，帮助幼儿跟随教师的脚步，将听到的故事和看到的画面一一对应，同时也逐页翻书。当了解到这种习惯养成的过程时，我们可以反思教师运用模式B的频率是否过强，导致这一习惯根深蒂固，变成了专注理解故事的障碍，也为幼儿自主阅读埋下隐患。

三、如何改变，真正促进幼儿发展

回顾最初，本着对现在阅读活动存在"PPT横行，不见图书"问题的思考，追溯到阅读活动的核心价值，我们将培养幼儿阅读能力这一目标正本清源，重新聚焦。开始关注原本的图书阅读，是"书不离手"的阅读，因此开始了师幼共读的探索旅程。但是题目这句话引发的思考，让我们重新审视：

1. 图书阅读教育首先要培养幼儿的阅读习惯与阅读兴趣，可以通过"刺激——反应——强化"方式，帮助幼儿习得阅读习惯，但是强化频率不能过大，幼儿越小强化次数需越少，具体次数根据本班幼儿的反应，当幼儿出现对这句话的固定反应后逐渐降低刺激出现次数。

2. PPT阅读对于幼儿阅读能力的培养具有独特的价值，因此需要在重新关注图书阅读的同时，有效结合利用。PPT阅读可以帮助教师分析重点图片，便于幼儿仔细观察和理解画面，促进全体幼儿的阅读能力提高。